용선생 처음 한국사

조선 후기~현대

글 사회평론 역사연구소
그림 뭉선생, 윤효식 | 캐릭터 이우일

2

사회평론

차례

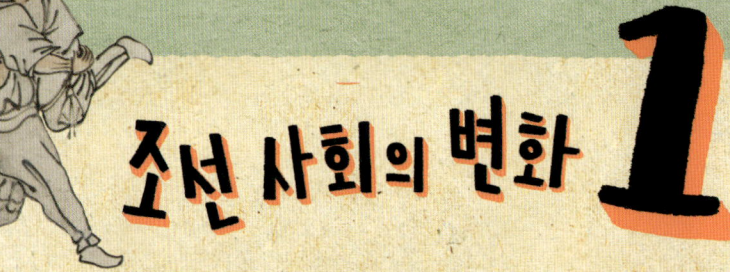
1 조선 사회의 변화

1. 영조와 정조의 개혁 정치 … 8
2. 나라 살림이 크게 성장하다 … 16
3. 잘못된 정치에 맞선 농민들 … 26

정리왕 34
역사야 놀자 36

2 근대 국가를 만들려는 노력

1. 나라의 문을 연 조선 … 40
2. 고종, 대한 제국의 황제가 되다 … 50
3. 일본으로부터 나라를 지켜라! … 60

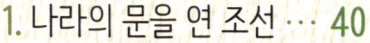
정리왕 68
역사야 놀자 70
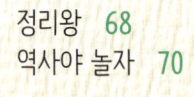

3 일제의 지배에 맞선 저항

1. 3.1 운동이 일어나다 … 74
2. 나라를 되찾기 위한 노력 … 84
3. 일본이 전쟁에서 패배하다 … 94

정리왕 104
역사야 놀자 106

4 대한민국의 발전과 우리

1. 8.15 광복과 6.25 전쟁 … 110
2. 독재 정치에 맞서다 … 120
3. 발전하는 대한민국 … 130

정리왕 144
역사야 놀자 146

정답 및 풀이 148

1 조선 사회의 변화

신하들은 점차 편을 갈라 무리지어 싸우기 시작했어.
그러자 영조는 인재를 치우침 없이 고루 뽑는 정책을 폈어.
정조는 영조의 뜻을 이어 나라를 개혁해 나갔지.
나라의 경제가 성장하면서 백성들은 새로운 문화를 발전시켰어.
하지만 세도 정치가 시작되자 백성들은 큰 고통을 겪었어.

붕당끼리 싸우지들 말거라.

붕당이 나뉘어 싸우다

영조가 탕평책을 펼치다

정조가 수원 화성을 세우다

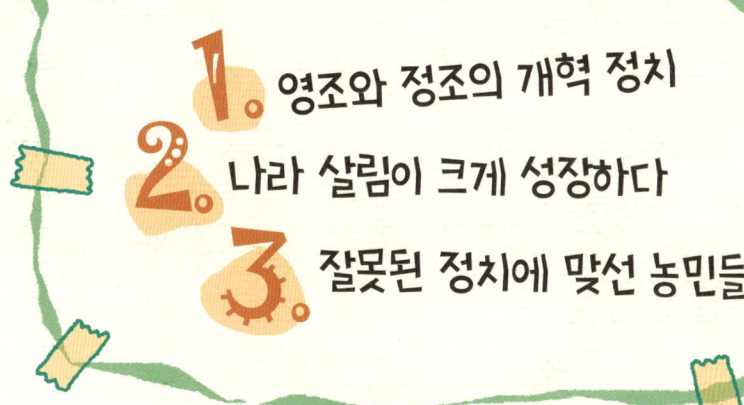

1. 영조와 정조의 개혁 정치
2. 나라 살림이 크게 성장하다
3. 잘못된 정치에 맞선 농민들

몇몇 가문이 나라의 권력을 손에 쥐다

농민이 들고일어나다

새로운 종교가 퍼져 나가다

이 단원에서 배울 단어

붕당, 탕평책, 서얼, 시전 상인, 실학, 판소리, 탈놀이, 풍속화, 민화, 세도 정치, 탐관오리, 동학, 농민 봉기

사림이 편을 갈라 뭉치다

두둥! 열심히 공부하며 힘을 기른 **사림**은 드디어 선조 때 조정을 가득 메웠어! 그리고 점차 생각이 비슷한 사람들끼리 모여 무리를 지었지. 이러한 무리를 **붕당**이라고 해. 여러 붕당은 서로를 비판하면서 자기 붕당의 주장이 옳다고 주장했어.

"전하, 저들의 말은 틀렸사옵니다."

"아닙니다, 저희 말씀을 들으셔야 하옵니다!"

이렇게 여러 **붕당**들은 다양한 의견을 내면서 왕과 함께 나라의 정책을 만들어 나갔어. 이것을 **붕당 정치**라고 해.

생각이 다른 사람들과 머리를 맞대면, 더 좋은 **아이디어**가 나올 수도 있잖아. 이처럼 붕당이 서로 비판하는 게 무조건 나쁜 건 아니야.

하지만 붕당 사이의 **싸움은 갈수록 심해져 큰 문제**가 되고 말았어. 숙종 때에는 왕이 손을 들어준 붕당의 사람들이 아니면 궁궐에서 쫓겨나거나 죽기까지 했어.

"우리 붕당이 살아남으려면 다른 붕당은 없어져야 해!"

좋은 정책을 만들기 위해 힘써야 할 신하들은 이제 자기 목숨과 붕당을 살리는 데만 신경 쓰게 됐어.

붕당 사이의 싸움을 없애라!

이런 상황에서 **영조**가 왕이 되었어.
'서로 헐뜯는 붕당의 모습을 보라. 저들 속에 백성을 위한 마음은 있기나 한 걸까?'
영조는 붕당의 싸움을 없애고 **백성을 위한 정책**을 펴기로 결심했어.

"이제부터 각 붕당에서 능력 있는 인재를 고루 뽑겠다!"

영조는 이렇게 어느 한 붕당의 편을 들지 않는 **탕평책**을 폈어.
그리고 백성들에겐 너무 무거운 세금이던 군포의 양도 반으로 줄였지.
히히, 이제 백성들이 한시름 놓을 수 있게 된 거야!

군포
16세가 넘은 남자가 군대에 가지 않는 대신 나라에 바치는 옷감이야.

더 이상 싸우지 마라!
이제부터 각 붕당에서 고루 인재를 쓸 것이니!

탕평비
영조가 탕평책을 알리기 위해 세운 비석이야.

정조, 조선을 다시 일으키다

영조에 이어 왕이 된 **정조**도 **탕평책**을 폈어.
"영조 대왕의 뜻을 이어 바른 정치로 백성을 편안케 하겠노라!"
그리고 나랏일 가운데 잘못된 부분이 있다면 바로잡고자 했어.
먼저, 개혁을 함께 이끌어 갈 젊고 능력 있는 신하들을 **규장각**에 불러 모았어.
규장각은 **정조가 만든 왕실 도서관**이야.
온갖 종류의 책과 왕실의 문서를 보관했어.
"여기서 열심히 학문을 닦고, 정책을 연구하라!"
정조는 능력만 있다면 중인 신분인 서얼에게도 관직의 길을 열어 주었어.

서얼
양반의 자식 중 정식 부인에게서 나지 않은 자식을 말해.

백성의 한숨 소리는 날로 커졌어. **시전 상인들의 횡포** 때문이었지.
시전 상인은 장사를 하도록 특별히 나라에서 허락한 상인들이야.
하지만 이들이 물건 가격을 제멋대로 올리는 바람에 백성들의 피해가 컸어.
정조는 시전 상인들에게 엄포를 놓았어.
"이제부터 누구나 자유롭게 물건을 사고팔 수 있게 하라!"
누구나 장사를 할 수 있게 되자, **시장은 사람들로 북적거렸어.**
나라의 경제도 더욱 활기차게 됐지.

정조는 어느 날 똑똑하고 재능 많은 신하 **정약용**을 불렀어.
"수원에 내 꿈을 펼칠 새 터전을 만들 생각이네. 자네가 힘써 주게."
새 터전이란 바로 **수원 화성**이야! 정조의 부탁을 받은 정약용은 화성을 **설계**했어. 무거운 돌도 거뜬히 드는 **거중기**도 만들었지. 덕분에 화성은 3년도 채 안 돼 완성됐어. 정조는 자주 화성을 오가며 백성들을 만났어.
"전하, 너무나 억울하옵니다!"
정조는 여러 가지 백성들의 사연을 직접 듣고 억울함을 풀어 주었대. 참 대단하지?

《화성성역의궤》에 실린 거중기 그림이야. 도르래를 이용해 무거운 물체를 쉽게 들어 올릴 수 있어.

역사반 쉬는 시간

청소 당번은 어떻게 정할까?

오늘은 이 주제로 회의를 할 거예요!

떠들어서 칠판에 이름 적힌 사람이 해야 한다고 생각합니다!

동의합니다!

그럼 하다랑 내가 청소할 게 뻔한데…!

불공평해요. 학급 임원이 청소를 더 많이 해야 한다고 생각합니다!

말도 안 돼!

공평하게 다 같이 청소하는 걸로 하자, 됐지?

네?

맙소사!

그럼 얘들아….

하루에 3번 매일매일~

더 생각해 보기

회의를 하다가 그만 친구들 사이에 편을 나눠 다투게 됐어.
서로 자기주장이 옳다고 하면서 싸운 붕당처럼 말이야.
붕당 사이의 다툼을 없애기 위해 영조는 어떤 노력을 했지?

2. 나라 살림이 크게 성장하다

씨름
김홍도가 그린 그림이야. 씨름하는 사람과 구경꾼들의 모습을 실감 나게 그렸어.

늘어나는 논밭, 많아지는 수확량

전쟁이 할퀴고 간 조선 땅에도 파릇파릇 새싹이 돋아났어. 사람들은 무너진 집을 수리하고, 땅을 갈아엎어 기름지게 만들었지. 저마다 가족을 배불리 먹일 방법을 고민했어.

"소식 들었나? 볍씨를 논에 직접 뿌리지 않고 모판에 길렀다 옮겨 심으면 더 많은 쌀을 거둘 수 있다던데!"

"그 농사법 나도 좀 배웁시다!"

이 농사법의 이름은 **모내기법**이야. 모내기법은 **입소문**을 타고 전국으로 퍼졌어. 이제는 **적게 일하고도 전보다 더 많은 수확**을 거두게 됐어!

이렇게 모를 심으면, 잡초가 나도 뽑기가 쉬워. 벼도 잘 자란단다.

저것들을 그냥...!

우리 조금만 쉬었다 할게~.

모내기 신공!

파 파 팟

내가 바로 모야. 사람들은 모내기를 하려고 볍씨를 심어서 나를 키우지.

농사가 잘됐다고 모두가 부자가 된 건 아니야.
"이젠 나 혼자 농사지어도 충분하니 자네는 내일부터 나오지 말게!"
적은 일손으로도 넓은 땅을 농사지을 수 있게 되자, 사람이 덜 필요하게 된 거야.
결국 남의 땅을 빌려 농사지어온 가난한 농민들은 땅에서 쫓겨나 떠돌게 됐어.

"내겐 송곳 꽂을 만한 땅도 없다니!"

> **포구**
> 강에서 배가 드나드는 곳을 말해.

땅을 잃은 농민들은 곳곳의 **공사장**이나 **광산**, **포구**를 떠돌며 일꾼으로 일했어.
보따리 가득 물건을 담고 전국을 누비며 **장사**를 하기도 했지.

"남의 땅에서 농사짓기도 힘들어졌구먼. 다른 일이나 구해 보자!"

"예전처럼 많은 일꾼들도 필요 없어! 혼자 농사짓고 혼자 거둘 거야! 으하하!"

"여긴 부자가 된 농민…."

"저긴 더 가난해진 농민이네!"

신분제가 흔들리다

오랫동안 벼슬을 하지 못해 **가난해진** 양반도 있었어.
이들은 마을에 서당을 열고 아이들에게 글공부를 시켜 주거나, 농사를 지으며 상민과 다름없이 살았지. 반대로 넓은 땅에 농사를 지으며 **큰 부자가 된 상민**도 있었어.

♪ *"에헴! 나도 양반이 될 테야!"* ♪

어떤 상민들은 나라에 큰돈을 내고 **양반 신분을 사기도** 했어.
차츰 양반의 수는 늘어 갔지만, 그만큼 존경받기는 어려워졌어.

"쳇, 진짜 양반도 아니면서 양반 행세하기는!"

이렇게 무시하는 사람도 생겨났지.

실학, 백성의 어려움에 눈뜨다

조선은 빠르게 변화하고 있었어. 양반이 최고라는 것은 옛말이 되었지.
부자가 된 농민도 생겼지만, **가난으로 신음하는 농민**도 많아졌어.
**"지금의 학문과 제도로는 당장의 문제를 해결할 수 없어.
쓸모 있는 학문을 연구하자."**
이렇게 조선의 **현실 문제에 관심**을 갖고 그 해결 방법을 고민한 학문을 **실학**이라고 해.
실학을 연구한 사람들을 **실학자**라고 하지.
여러 실학자들은 저마다 백성이 잘살고 나라가 더 발전할 수 있는 방법을 내놓았어.

유형원과 **정약용**은 농사지을 땅이 없어 떠도는 백성을 안타깝게 봤어. 그래서 농민에게 땅을 나눠 주어야 한다고 생각했지.

"농사를 짓는 농민이라면 누구나 땅을 가져야 합니다!"

이와 달리 **박제가**와 **박지원**은 조선이 부자 나라가 되려면 중국 청나라처럼 **상업이 발전해야** 한다고 생각했어. 그러려면 사고팔 물건을 나르기 쉬워야겠지?

"길을 닦아 수레가 쉽게 다닐 수 있도록 해야 합니다."

이렇게 실학자들은 백성이 잘살 수 있는 방법을 **밤낮없이** 연구했어.

백성들이 즐기던 문화

사람들의 삶의 모습도 많이 바뀌었어. 생활에 여유가 생긴 백성들은 신분에 상관없이 자식에게 공부를 시켰어. **서당**에는 **아이들의 글 읽는 소리가** 노래처럼 울려 퍼졌지. 또 장이 서면 너도나도 **구름같이** 몰려들었어. 재밌는 볼거리가 넘쳐 났거든. 북장단에 맞춰 노래로 이야기를 들려주는 **판소리**도 보고, 탈을 쓰고 노는 **탈놀이**도 볼 수 있었어. 양반을 놀리는 내용도 많았지만, 보는 양반도 웃음을 터뜨리고 말았지.

조선 시대 풍속화와 민화

저기 걸린 그림 좀 봐. 씨름하는 사람, 서당에서 울고 있는 아이, 모두 살아 움직이는 것 같지?
백성의 생활 모습을 실감나게 그린 저런 그림을 **풍속화**라고 해.
그림만 봐도 당시 사람들이 어떻게 살았는지 알 것 같지?
저기 호랑이나 새, 꽃 따위를 그린 민화도 보이네. **민화**는 형식에 상관없이 익살스럽고 재미있게 그린 그림인데, 누가 그렸는지는 알 수 없어.
백성들은 "호랑이 그림은 귀신을 쫓고, 새 그림은 부부 사이를 좋게 해 준다."고 믿었대. 재미있지?

이야기꾼이 사람들에게 책을 읽어 주고 있어.
"놀부 아내는 놀부보다 심술보 하나가 더 붙었는데,
놀부 아내가 흥부를 보자 하는 말이~!"

"아이고 귀찮아 죽겠네. 언제 나한테 쌀이라도 맡겨 놨는가? 에잇!"

"쯧쯧, 놀부 부부는 참으로 심술궂네."

사람들의 혀 차는 소리 들리니? 당시는 이렇게 **한글 소설이 유행**했어. 책 읽어 주는 사람과 책 빌려주는 가게도 생겨났지. 특히 **《홍길동전》**, **《춘향전》**, **《심청전》**, **《흥부전》**이 인기 있었대.
물론 지금 읽어도 재밌지만 말이야!

역사반 쉬는 시간

> 설마 이거 두기야?

> 이건 나 같은데? 내가 이렇게 못생겼었나?

용선생 풍속화전

> 두기가 보물을 찾고 엄청 좋아하네!

> 근데 하다 표정이 영~ 별로네.

> 이건 영심이? 눈사람이라고 해도 믿겠다!

> 오늘은 '역사반 풍속화가' 용선생이라고 불러 주렴!

> 뭐야, 선생님만 엄청 잘생기게 그렸잖아!

더 생각해 보기

용선생님의 그림을 보니 친구들과의 추억이 떠오르네.
풍속화를 보면 당시 사람들이 어떻게 살았는지 알 수 있어.

조선 시대 백성들은 어떤 문화를 즐기며 살았을까?

몇몇 가문이 권력을 차지하다

1800년 정조가 일찍 세상을 떠났어. 고작 11살밖에 안된 어린 순조가 왕이 되었지. 순조를 대신해 왕의 **장인**과 그 집안사람들이 나라의 권력을 손에 쥐었어.

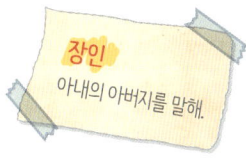
장인 아내의 아버지를 말해.

"크하하, 왕은 허수아비일 뿐, 진짜 권력은 우리에게 있지!"

관리가 되려는 사람들은 이 집안에 돈을 바쳐야 자리를 얻을 수 있었어. 이렇게 **몇몇 집안이 권력을 쥐고** 나라를 다스리는 것을 **세도 정치**라고 해. 세도 정치는 순조부터 철종 때까지 **자그마치** 60여 년 동안이나 계속됐어!

> 부탁을 하려면 나에게 해! 내가 제일 잘나가니까 말이야.

> 그럼요. 제 선물을 받으시고 관직 한 자리만 주십시오!

> 내가 이 나라의 왕이 맞단 말인가...!

> 저도 뼈다귀 가져왔어요. 왈왈!

도적이 돼 버린 관리

돈으로 벼슬을 산 관리가 제대로 일할 리 없겠지?

탐관오리
백성의 재물을 빼앗고 못된 짓을 일삼는 벼슬아치를 말해.

"들인 돈이 얼만데! 세금을 왕창 걷어 내 주머니부터 채워야지!"

이렇게 곳곳에서 **탐관오리**가 백성을 괴롭혔어.

백성들이 내야 할 세금은 나날이 늘었지.

심지어 젖먹이 아이나 이미 죽은 사람 몫까지 내라는 거야! 이게 말이 돼?

탐관오리들은 가난한 사람들에게 곡식을 빌려주던 제도인 **환곡**마저 이용했어.

강제로 빌리게 해서는 무거운 이자를 쳐서 갚으라는 거야.

휴~ 백성들의 허리는 더욱 휘어만 갔지.

홍경래, 저항의 불씨를 당기다!

저길 좀 봐! **평안도 백성들이 들고일어났어!**

반란을 이끈 사람은 홍경래야. 평안도는 옛날부터 심한 차별을 받아 왔던 곳이야. 이곳에서는 300년 동안이나 높은 관직에 오른 사람이 없을 정도였지. 탐관오리가 활개치는 것은 말할 것도 없었어.

"탐관오리를 없애고, 지역 차별도 끝내자!"

홍경래와 백성들은 여러 마을을 점령했지만, 정주성에서 관군에게 지고 말았어. 하지만 백성들 가슴 속에서 **저항의 불씨는 계속 타올랐어.**

새로운 세상을 열어 주세요!

비나이다, 비나이다. 지금의 고통을 없애고, 새 세상을 열어 주세요!
백성들은 손 모아 빌었어. 고달픈 현실에서 하루빨리 벗어나고 싶었던 거야.
모두들 지금의 **왕조가 망하고 새 세상이 온다는 소문**에 귀를 **바짝** 기울였어.
계룡산에서 정씨가 새로운 나라를 세운다는 이야기, 미래의 부처가 내려와
백성을 구해 준다는 말도 퍼졌어. 이렇게 앞날에 펼쳐질 일에 대해 말하고 믿는 것을
예언 사상이라고 해. 희망을 품은 소문은 끝없이 퍼져 나갔어.

서양의 종교인 **천주교**도 유행했어.
"우리는 모두 평등합니다. 서로 사랑하십시오!"
신분의 구별이 엄격했던 조선에서는 **깜짝** 놀랄 생각이었지.
하지만 고통받는 백성들에게는 큰 희망이 됐어. 또한 **동학**도 널리 퍼졌어.

"사람은 곧 하늘! 곧 새 세상이 열립니다!"

동학은 **최제우**가 만든 종교야. 남녀노소 누구나 사람은 하늘과 같이 귀하다고 했지.
많은 백성들은 기뻐했어. 하지만 나라에서는 천주교와 동학을 억눌렀어.
조선의 질서를 어지럽힌다고 본 거야.

불길처럼 번지는 농민 봉기

세도 정치는 철종 때까지 계속됐어. 전국 곳곳에서 백성의 한숨이 새어 나왔지.

"이렇게는 못 살겠다! 세금 제도를 고쳐라!"

1862년 경상도 **진주**에서 분노한 **농민들이 들고일어났어**. 이들은 백성을 괴롭히던 못된 관리들 집에 불을 지르거나 관리를 없애기도 했어. 진주에 이어 순식간에 전국의 농민도 **봉기**했지. 나라에서는 **부랴부랴** 세금을 줄여 주겠다고 했지만 그 약속은 곧 **흐지부지**되고 말았어. 백성의 고통은 계속됐지.

봉기
나라에 불만을 품은 사람들이 큰 난리를 일으키는 것을 말해.

사람 나고 세금 났지, 세금 나고 사람 났냐?

전국의 농민들이 들고일어나다니! 어찌된 일인지 샅샅이 조사하라!

이대로는 못살겠다!!

역사반 쉬는 시간

더 생각해 보기

선애가 엄청나게 많은 숙제를 자기 마음대로 내주는 바람에 나 몹시 화가 났었어! 그러고 보니 조선 후기 농민들도 화가 나 전국에서 봉기를 일으켰지. 무슨 이유 때문이었을까?

_____
_____

왕수재의 정리王 왕!

1. 영조와 정조의 개혁 정치

- 사림들은 권력을 잡은 후 **여러 붕당**으로 나뉘어 싸우기 시작했어.
- 영조는 붕당 간의 싸움을 없애기 위해 **탕평책**을 실시했어.
- 정조는 정치를 개혁하기 위해 새로운 도시인 **수원 화성**을 만들었어.

2. 나라 살림이 크게 성장하다

- 조선 후기에는 **농업이 발전**하여 더 많은 수확을 얻게 되었어.
- **신분 제도가 흔들리며** 가난해진 양반이나 부자 상민이 생기기도 했어.
- **실학자**들은 백성이 잘살게 하기 위해 농업과 상공업을 연구했어.
- 판소리, 탈놀이, 민화, 한글 소설 등 **백성들이 즐기는 문화**도 발달했어.

슈퍼 천재 왕수재가 1분 만에 정리해 줄게!

3. 잘못된 정치에 맞선 농민들

- 19세기가 되자 **세도 가문**이 권력을 잡으며 나라가 혼란스러워졌어.
- 백성들은 세도 정치에 맞서 **홍경래의 난**, **농민 봉기** 등을 일으켰어.
- 백성들 사이에는 새로운 종교인 **천주교**와 **동학**이 널리 퍼졌어.

가로 열쇠

1. 붕당 사이의 싸움을 줄이고 어느 한 붕당의 편을 들지 않는 정책을 말해.
5. 조선의 현실 문제에 관심을 갖고 그 해결 방법을 고민한 학문이야.
6. 19세기에 몇몇 가문이 권력을 쥐고 국가를 운영하는 정치를 말해.
8. 북장단에 맞춰 노래를 부르며 이야기를 들려주는 거야.
11. 누가 그렸는지 알 수 없지만, 형식에 상관 없이 익살스럽고 재미있게 그린 그림이야.
13. 조선 시대의 초등 교육 기관으로 아이들이 한데 모여 글을 읽고 공부했어.
14. 모판에 볍씨를 따로 심어 키운 후 논에 옮겨 심는 농사법을 말해.

세로 열쇠

2. 홍경래의 난이 일어난 곳이야. 옛날부터 심한 차별을 받아 왔대.
3. 최제우가 만든 종교야.
4. 백성의 재물을 빼앗는 못된 벼슬아치야.
7. 조선 후기의 대표적인 실학자. 농민에게 땅을 나눠 주어야 한다고 주장했어. 거중기도 만들었지.
9. 사림 가운데 생각이 비슷한 사람들끼리 모인 무리를 가리키는 말이야.
10. 성을 만들 때 무거운 돌을 들어 올리기 위해 만든 기계야.
12. 정조는 수원 ○○을 건설하고 이곳에서 자신의 뜻을 펼치려고 했어.
13. 양반의 자식 중 정식 부인에게서 나지 않은 자식이야.

다음은 조선 시대 어느 시장의 모습이야.
여러 가지 물건을 파는 상점이며 북적이는 사람들로 활기차 보이지?
그런데 이 그림 속에는 조선 시대와는 어울리지 않는 물건이
총 5개가 있어. 어떤 것들인지 찾아볼래?

근대 국가를 만들려는 노력

19세기 말 조선은 일본을 비롯해 미국, 영국 등 여러 나라와 조약을 맺고 교류하기 시작했어. 하지만 힘센 나라들은 조선을 침략하여 집어삼키려고 했지. 많은 한국인들은 나라의 독립을 지키기 위해 총칼을 들고 맞서 싸웠지만 우리나라는 결국 일본의 식민지가 되고 말았어.

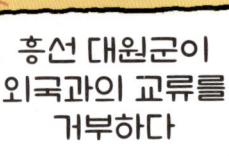

흥선 대원군이 외국과의 교류를 거부하다

일본과 불평등한 조약을 맺다

동학 농민 운동이 일어나다

1. 나라의 문을 연 조선

용두돈대
강화도 바닷가에 만든 작은 군사 시설이야. 용머리처럼 튀어나온 모양 때문에 지어진 이름이야.

서양 배가 나타났어!

고통에 빠진 백성, 낯선 외국인들

당시 조선의 백성들은 먹고살기가 너무 힘들었어. 왕은 힘이 없었고, 나라를 다스리는 양반들은 자기들만 배불리 먹었거든. 그런데 이때 **서양의 여러 나라들**이 배를 타고 조선을 찾아와서는 **자신들과 무역을 하자**고 하는 거야.

"서양 물건 좋지? 항구를 열면 앞으로도 계속 계속 가져올게."
"중국과 일본은 벌써 항구를 열었어~." 라고 말이야.
하지만 조선 사람들은 서양 나라들이 조선을 이용할 속셈이라고 생각했어.
그러니 억지로 물건을 팔려고 하는 서양의 나라들이
반가울 리 없었지.

흥선 대원군은 못 말려!

어린 아들 고종을 대신해 **흥선 대원군**은 먼저 나라를 튼튼하게 하고자 했어.
백성들을 괴롭히던 나쁜 양반들을 혼내 주고, 원래 백성들에게만 걷던 세금을
양반에게도 걷었지. 양반들의 불만은 늘어났지만 백성들은 좋아했겠지?
그런데 백성들의 기쁨은 잠깐이었어.
대원군이 불에 타 버린 **경복궁**을 다시 짓고 싶어 했거든.
"영차! 영차!" 백성들은 쫄쫄 굶어 가며 힘들게 궁을 지어야 했어.
대원군은 결국 백성들에게도 원망을 듣게 된 거야!

불공평한 조약을 맺다

고종이 어른이 되자 흥선 대원군은 자리에서 물러났어.
그러자 **호시탐탐** 조선을 노리던 일본은 큰 배를 보내 조선을 겁주었지.
"조선에서 장사하게 해 줄래, 아니면 공격당할래?"
일본이 최신식 **총과 대포**로 위협하자, 조선은 어쩔 수 없이 일본과 조약을 맺었어.
이때 맺은 조약을 '**강화도 조약**'이라고 해.
일본은 자신들과 조약을 맺는 것이 우리나라에도 이익이라고 했지만, 그건 거짓말이었어.
강화도 조약에는 조선에게 **매우 불공평한 내용**이 많았거든.

> **조약**
> 나라와 나라 사이에 맺은 약속이야.

조선이 일본과 조약을 맺자,
서양의 여러 나라들도 너도나도
조선을 찾아와 따졌어.
**"왜 일본만 허락해?
  우리도 조선에서 장사하게 해 줘!"**
조선은 분하지만 그들의 말도 들어줄 수밖에 없었지.
서양 세력을 막을 힘이 조선에는 없었으니까.
결국 **미국, 영국, 독일, 러시아, 프랑스** 등 많은 나라와 조약을 맺었어.
하지만 모두 조선에게 불리한 내용들이었지.
조선은 서양의 여러 나라들에게 **손쉬운 먹잇감**이었던 거야!

서양 문물에 눈을 뜨다

조선은 난생처음 보는 서양의 새로운 문물을 많이 알게 됐어.
최신식 총과 무기, 전화기, 석탄으로 가는 배, 철로를 달리는 기차 같은 것들 말이야.
조선 사람들은 마치 **타임머신**을 타고 미래로 간 기분이 아니었을까?
고종은 곰곰이 생각했어.

'이제부터라도 서양의 문물을 열심히 배워 우리나라도 힘을 길러야겠어!'

그리고는 신하들을 외국에 보내 **발전된 문물을 배워 오게** 했어.
또 **별기군**이라는 신식 군대도 만들었지. 조선의 **개화**가 시작된 거야.

개화
외국의 새로운 문화나 기술이 들어와서 옛날과 달라지는 것을 말해.

개화를 둘러싼 다툼

나라에서는 **별기군**에 최신 무기와 군복을 주며 지원을 아끼지 않았지. 하지만 예전부터 궁궐을 지켜온 **구식 군인**들은 찬밥 신세였어. 1년 넘게 월급도 못 받았다니까.

"개화 정책 때문에 우리가 굶어 죽겠어!"

결국 화가 난 구식 군인들은 **우르르** 궁궐로 쳐들어갔지. 그러자 청나라 군대가 나서서 구식 군인들을 모두 잡아들였어. 그러더니 이렇게 으스대는 거야.

"조선 정부를 도와줬으니, 이제 조선은 우리가 하라는 대로 해!"

청나라는 조선의 개화를 도와준다는 핑계로 조선의 일에 사사건건 참견했어.
조선 사람들의 의견은 둘로 나뉘었지.
"청나라를 따라 천천히 개화해야 해."라는 **온건 개화파**와
"무슨 소리야? 바꿀 땐 빨리 바꿔야지. 청나라를 쫓아내고 싹 뜯어
고쳐야 해!"라고 주장하는 **급진 개화파**로 말이야.
마음이 급했던 급진 개화파는 결국 일본과 손을 잡고 반란을 일으켰어!
하지만 청나라 군대가 공격해 오자,
반란은 허무하게도 단 **3일**만에 실패로 끝나고 말았어.

역사반 쉬는 시간

"다들 먹음직스러운 도시락을 싸 왔구나!"

"우아, 그 소시지 맛있겠다!"
"우리 한 숟가락씩 바꿔 먹을까?"
"좋지!"

"그럼 내가 먼저, 아~!"
"그렇게나 많이?"

"그럼 나도 한 숟가락 떠 볼까…."
"야! 그건 반칙이지!"
"저게 삽이야 숟가락이야?"

 **더 생각해 보기**

하다의 숟가락 봤니? 한 숟갈에 내 도시락이 전부 사라질 뻔했어! 숟가락 크기가 다르니, 서로 바꿔 먹자는 약속은 정말 불공평해! **강화도 조약도 불평등한 조약이었는데, 그 이유는 무엇일까?**

_____
_____

농민들이 일어나다

조선은 갈수록 가난해졌어. 여러 나라들과 맺은 불리한 조약 때문이었지.
제일 고달픈 건 농민들이었어. 가뜩이나 없는 살림에 나라에서는 세금 내라고 하지, 못된 관리들은 그나마 남은 것도 뺏어가지. 어떻게 살란 말이야!
이때 농민들에게 인기가 많았던 게 **'동학'**이었어.
동학에서는 **"백성을 괴롭히는 나쁜 관리들과 외국인들을 물리치자!"** 고 말했거든.
결국 농민들은 들고일어나 자신들을 괴롭히던 관리들을 혼내 주었어.
이를 **'동학 농민 운동'**이라고 해.

놀란 조선 정부는 청나라에 군대를 보내 달라고 했어.
그런데 일본은 부탁하지도 않은 군대를 보내 청나라에 싸움을 걸었어.
우리 땅이 외국의 전쟁터가 될 판이었지!
농민들은 외국군이 돌아간다면 물러나겠다고 약속했어.
하지만 일본은 약속을 어기고 우리 궁궐을 기습했어! **농민들은 결국 다시 일어났어.**
그렇게 **낫과 곡괭이를** 든 농민군과 일본군이 맞서게 된 거지. 농민군은 열심히
싸웠지만, 일본군의 **무시무시한 무기** 앞에 무릎을 꿇을 수밖에 없었어.

신분제를 없애다

일본은 조선의 개혁을 도와준다는 구실로, 조선을 **마음대로** 주무르려고 했어.

"비록 일본의 눈치를 봐야 하지만, 조선을 바꿀 기회야!"

조선 정부는 나라를 새롭게 개혁하려고 했어.

정치, 경제, 사회 모든 면에서 말이야. 이걸 **갑오개혁**이라고 해.

특히 **신분제를 폐지**한 건 놀라운 변화였어. 법에 따라 모든 사람은 평등하다는 거였지. 이때부터 우리나라에서는 양반이나 노비라는 구분이 사라지게 됐어!

한편 일본이 힘을 얻게 되자, **러시아**가 나섰어. 일본이 청나라 땅을 차지하려던 것을 막은 거야. 이를 본 고종과 **명성 황후**는 생각했어.

'일본이 러시아 눈치를 보잖아? 러시아에게 도와 달라고 해야겠다!'

조선이 러시아 편에 붙으려고 하자, 일본은 마음이 급해졌어.
결국 궁궐에 침입해 잔인하게 명성 황후의 목숨을 빼앗은 거야!
끔찍한 일이지. 이 사건을 '**을미사변**'이라고 해.
겁이 난 고종은 일본을 피해 **러시아 공사관**으로 몸을 숨겨야 했어.

공사관
외국에 나가 있는 관리들이 일하는 곳이야.

무엄한 놈들, 이게 무슨 짓이냐!

왕비, 우리 일본에 방해가 되니 죽어 줘야겠어!

백성이 똑똑해져야 한다!

이 무렵 우리나라 백성이 **똑똑해져야** 외국의 위협을 막을 수 있다고 생각한 사람들이 있었어. 그런 사람들은 백성들을 깨우치고자 한글로 된 《독립신문》을 펴내고 **'독립 협회'**란 모임을 만들었어. 그리고 거리에서 **'만민 공동회'**를 열었지. 만민 공동회는 누구든지 자신의 생각을 당당하게 말할 수 있는 모임이었어. *"우리 힘으로 새로운 세상을 만듭시다!"* 그런데 모임이 점점 커지자, 불안을 느낀 관리들의 방해가 시작됐지. 결국 독립 협회는 문을 닫고 말았어.

황제의 나라가 되다

일본을 피해 러시아 공사관에 머무르던 고종이 마침내 궁으로 돌아왔어.
고종은 외국의 간섭에서 벗어나 새 나라를 일으키고 싶었어.
"나는 조선을 황제의 나라로 만들겠다!"
고종은 나라 이름을 '대한 제국'으로 바꾸고 스스로 황제가 되었어.
더 이상 다른 나라에 끌려다니지 않겠다는 뜻이었지. 참 늠름한 모습이지?
황제가 된 고종은 신식 학교들을 세워서 백성들을 가르쳤어.
그리고 회사를 세우고 산업을 발전시켜 나라를 부유하게 만들려고 했지.

환구단
고종의 황제 즉위식이 열린 장소야.
고종은 스스로 황제가 되어
나라의 위엄을 높이고
낡은 제도를 고치고자 했어.

세상을 놀라게 한 서양 문물

"에구머니나, 한밤중에도 세상이 이렇게 환하다니!"

사람들은 어둠을 밝히는 전등을 처음 보고 깜짝 놀랐어.
전기로 불을 밝히는 **전등**이 우리나라에 처음 생긴 건 고종 때야.
최초의 전등은 경복궁 건청궁 안에 있었어. 당시엔 전등을 '**물불**'이라고 불렀어.
주변의 연못에서 물을 끌어다 발전기를 돌려 전기를 만들었기 때문이야.
물불이라니, 꽤나 재미있는 이름이지?
그렇다면 처음 길거리에 **가로등**이 생긴 곳은 어디였을까? 바로 서울의 **종로** 거리였어.

57

"철컹 철컹 철컹" 전차도 이때 들어왔어.
전차는 전기를 이용해 달리는 기차야. 우리는 지하철이란 이름이 더 익숙하지?
지하철은 땅 밑으로 다니지만, 옛날 전차는 땅 위로만 다녔어.
당시 사람들은 전차를 쇠로 만든 수레라고 해서 **'쇠수레'**라고 불렀어.
처음에는 전차에 부딪혀 다치는 사람이 많아 전차를 무서워했다고 해.
하지만 사람들은 곧 **빠르고 편리한 전차**에 반하고 말았어.
그래서 나중엔 매우 인기 있는 교통수단이 되었지.

역사반 쉬는 시간

더 생각해 보기

짜장면이 1,300원이었다니! 지금은 상상할 수 없는 가격이야!
갑오개혁으로 조선 사회도 이전과는 많이 달라졌지.
갑오개혁 이후 조선 사회는 어떻게 바뀌었을까?

일본에 외교권을 빼앗기다

고종은 대한 제국을 강한 나라로 만들고 싶었어.
하지만 그 주변엔 한반도와 만주를 노리며 침 흘리는 **일본**과 **러시아**가 있었지.
일본과 러시아는 마침내 우리나라를 두고 우당탕퉁탕 서로 치고받으며
싸우기 시작했어. 그것도 우리나라 땅에서 말이야.
정작 땅의 주인인 우리는 완전히 무시당했지. 이게 **러일 전쟁**이야.
"어이쿠!" 두 나라 사이에 끼어 여기저기 얻어맞는 신세라니!
정말 분통 터지는 일이었어!

러일 전쟁에서 승리한 나라는 일본이었어. **기세등등**해진 일본은 이토 히로부미를 고종에게 보냈어. 이토는 나라를 지켜줄 테니, **외교권**을 넘기라고 말했지. 쉽게 말해 일본의 뜻대로만 외국과 상대하라는 거였어.

"껍데기뿐인 나라가 되란 말이냐?"

고종은 끝까지 반대했어. 그러자 일본은 궁궐을 포위하고 신하들을 협박했어. 이때 비겁한 신하 5명이 **제멋대로** 일본과 조약을 맺었어. 이를 '**을사늑약**'이라고 해. 곧 고종은 황제 자리에서도 강제로 쫓겨났어.

나라를 위해 총칼을 든 백성들

을사늑약이 맺어졌다는 소식에 **전국 방방곡곡**에서 **의병**이 일어났어. 양반 출신과 농민 출신, 노인과 젊은이 할 것 없이 많은 사람들이 일본을 쫓아내려고 총과 칼을 들었어.

"탕탕탕!" "공격하라!" 곳곳에서 전투가 벌어졌지.

어떤 곳에서는 의병이 일본군을 기습해 승리를 거두기도 했어.

그러나 러시아까지 이긴 **일본군은 너무 강했어.**

구식 무기를 지닌 의병은 일본군의 최신 무기를 이겨낼 수 없었지.

하지만 한국인들은 끝까지 포기하지 않았어.

힘이 아닌 지식으로!

어떤 사람들은 일본과 싸우는 것만이 최선이 아니라고 생각했어.
"아는 것이 힘입니다. 배워야 일본을 이길 수 있습니다!"
열심히 공부하고 실력을 길러야 나라를 되찾을 수 있다고 생각한 거야.
이들은 **학교나 신문을 만들어** 사람들에게 새로운 지식을 알려 주자는 운동을 벌였어.
이걸 **애국 계몽 운동**이라고 해. 예전 독립 협회의 활동과 비슷하지?
애국 계몽 운동에서는 전국 곳곳에 학교를 세워
많은 한국인들에게 배움의 기회를 주려고 노력했어.

> **계몽**
> 지식 수준이 낮은 사람을 가르쳐서 깨우치게 하는 것을 말해.

나라를 사랑하자  민족의 힘을 기르자

천재 왕수재의 수학 교실

2×1=2
2×2=4
2×3=6
2×4=8
2×5=10
2×6=12

선생님, $\sqrt{(1-\sqrt{2})^2} - \sqrt{(1+\sqrt{2})^2} = \square$ 은 어떻게 푸나요?

응? 그게…!

민족의 적을 처단하라!

일본과 싸우려고 만주로 넘어가 독립군이 된 사람도 많아. 그중에는 **안중근** 의사도 있었지.
안중근은 **이토 히로부미**가 만주 하얼빈에 온다는 소식을 듣고 그를 기다렸어.
마침내 이토 히로부미가 기차에서 내리는 순간, '타앙!' 총소리가 울렸지.
안중근이 이토 히로부미를 쏴 처단한 거야.

"잘 가라! 우리 민족의 원수! 우리나라 만세!"

화가 난 일본은 안중근에게 사형을 선고했어.
하지만 안중근은 마지막까지 당당한 표정으로 우리나라의 독립을 주장했지.

의사
나라를 위해 정의로운 일을 한 사람을 말해.

역사반 쉬는 시간

"용 선생님, 수업은 안 하시고 계속 놀러 다니기만 한다면서요?"

"그게 아니라, 역사 공부는 현장 체험이 중요하기 때문에…."

"자꾸 그러시면 역사반은 없어지는 겁니다!"

"아, 알겠습니다."

"역사반을 지키기 위해서는 그 방법 밖에는 없겠어!"

"오늘은 현장 학습과 교실 수업을 함께한다!"

야외 학습 역사

"이건 아닌데…."

더 생각해 보기

용선생님이 역사반을 지키기 위해 저렇게까지 하실 줄이야!
일본이 우리나라를 빼앗으려고 했을 때,
우리 조상들은 나라를 지키기 위해 어떤 노력을 했었지?

왕수재의 정리王 왕!

1. 나라의 문을 연 조선

- 조선은 1876년 일본과 **강화도 조약**을 맺고 나라의 문을 열었어.
- 개항 이후 조선은 외국의 문물을 받아들이며 **개화 정책**을 펼쳤어.
- 개화의 방향과 속도를 둘러싸고 조선 사람들 사이에서는 갈등이 벌어졌어.

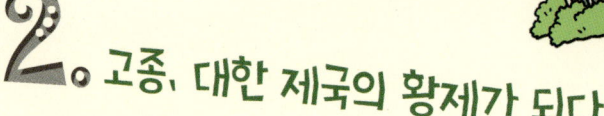

2. 고종, 대한 제국의 황제가 되다

- 농민들은 나쁜 관리들과 일본을 물리치기 위해 **전국적으로 봉기**를 일으켰어.
- 같은 해 정부는 **갑오개혁**을 실시해 신분 제도를 없앴어.
- 1897년 고종은 나라 이름을 **대한 제국**으로 바꾸고, 황제의 나라를 만들었어.
- 개항 이후 전기, 전등, 전차 등 **새로운 문물**이 들어왔어.

슈퍼 천재 왕수재가 1분 만에 정리해 줄게!

3. 일본으로부터 나라를 지켜라!

- 1905년 일제는 **을사늑약**을 강요하며 조선의 외교권을 빼앗아 갔어.
- 을사늑약에 저항해 전국적으로 **의병 운동**과 **애국 계몽 운동**이 일어났어.
- **안중근**이 이토 히로부미를 처단했지만, 조선은 결국 일본에 멸망했어.

🚩 가로 열쇠

1. 조선 정부가 실시한 개혁이야. 신분제와 과거 시험 등을 없앴어.
4. 고종의 아버지야. 서양 나라들과 교류하는 것을 반대했어.
7. 프랑스와 미국은 차례로 이곳을 공격해 우리의 보물을 가져가기도 했어.
8. 나라를 되찾기 위해 학교나 신문을 만들어 사람들에게 새로운 지식을 알려 주려고 했어. ○○ ○○ 운동이라고 해.
9. 전기로 달리는 기차. 별명은 쇠수레!
10. 일본이 한국의 외교권을 빼앗기 위해 강제로 체결한 조약을 말해.

🚩 세로 열쇠

2. 외국의 새로운 문화나 기술이 들어와서 옛날과 달라지는 것을 말해.
3. 고종이 만든 신식 군대야.
5. 고종은 황제 즉위식을 올리고, 나라 이름을 ○○ ○○으로 바꾸었어.
6. 흥선 대원군이 서양 세력의 침략을 경계하기 위해 전국에 세운 비석이야.
9. 이것은 우리나라 최초로 경복궁 건청궁에 설치되었어. 물불이라고 불렸지.

근대 국가를 세우자!

역사반 친구들이 외국의 새로운 문물을 받아들여 새 나라를 세우는 일에 나섰어.
친구들이 임무를 해결할 수 있도록 도와줘.

🎵 임무 🎵

1. 그림 속에는 개항 이후 외국에서 들어온 것들이 숨어 있어. 다음을 모두 찾아 줘.
2. 임무를 도와줄 역사 인물들을 찾아 줘.
3. 그림 속에 숨어 있는 일본의 스파이를 모두 찾아 줘. 요렇게 생겼어.
4. 그림 속에는 작은 글자들이 숨어 있어. 모두 찾아 합쳐 나라 이름을 만들어 줘.

전등 빵 커피

고종 안중근 명성 황후

3 일제의 지배에 맞선 저항

일본의 지배를 받게 된 한국인들의 삶은 비참해졌어.
우리 민족은 3.1 운동을 일으켜 일제에 저항하고,
대한민국 임시 정부를 세워 독립운동을 계속해 나갔지.
일제는 우리 민족의 정신마저 없애려 했지만,
우리는 끝없는 노력으로 마침내 광복을 맞이할 수 있었어.

일제의 폭력적인 지배가 시작되다

3.1 운동이 일어나다

대한민국 임시 정부가 세워지다

1. 3.1 운동이 일어나다
2. 나라를 되찾기 위한 노력
3. 일본이 전쟁에서 패배하다

일제가 침략 전쟁을 확대하다

독립군이 일제에 맞서 싸우다

우리말과 글을 지키기 위해 노력하다

이 단원에서 배울 단어

일제, 3.1 운동, 대한민국 임시 정부, 독립, 의열단, 6.10 만세 운동, 신간회, 친일파, 광주 학생 항일 운동, 한국광복군

창살 없는 감옥이 된 나라

"아이고~ 나라가 망해 버리다니…."
우리나라가 일본의 식민지가 됐다는
소식을 들은 사람들은 눈물을 뚝뚝 흘렸어.
일제를 향한 분노는 커져 갔지.
일제는 군대와 경찰을 시켜
사람들을 감시하고,
저항하는 사람들은 몽둥이로
때렸어. 학교에서는 선생님이
큰 칼을 차고 학생들을 가르쳤지!
온 나라가 감옥이나 마찬가지였어.
하지만 한국인들은 포기하지 않았어.
나라를 되찾기 위해 몰래 모임을 만들거나,
멀리 만주로 떠나 독립운동을 벌이기 시작했지.

> **일제**
> '일본 제국'의 줄임말로 우리나라를 비롯해 여러 나라를 침략한 일본을 일컫는 말이야.

도망쳐 봤자 내 손바닥 안이야! 저항할 생각은 개미 눈곱만큼도 하지 마!

민족
오랫동안 함께 살아와서 말, 역사, 문화, 풍습이 같은 사람들을 말해.

일제는 우리 **민족**이 서로 생각을 나누지 못하도록 **신문과 잡지를 없애 버렸어.**
우리나라 사람들이 농사짓던 땅을 빼앗아 일본인들이 쉽게 가질 수 있게 하기도 했어.
그뿐이 아니었지.

"한국 쌀을 싼값에 사들이도록!"

일제는 쌀과 그 밖의 **자원을 싼값에 빼앗다시피** 일본으로 가져갔어.
이런 물건들을 나르고 군대와 경찰을 빠르게 이동시키기 위해
우리나라에 기찻길과 항구를 만들기도 했지.
이제 한반도는 완전히 **일제의 손아귀**에 들어가게 된 거야.

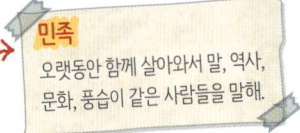

3.1 운동으로 하나가 되다

일제의 무자비한 지배는 계속됐어.
그러던 중 일제의 감시를 받던 **고종이 세상을 떠나고 말았어.**
수많은 사람들은 고종의 죽음을 목 놓아 슬퍼했지.
마침 세계 곳곳에서는 한 나라가 제멋대로 다른 민족을
지배해서는 안 된다는 목소리가 터져 나오고 있었어.
우리 민족도 더 이상 가만있지 않고 온 세계에 우리의 독립 의지를 알리려고 했지.

독립: 다른 나라의 지배를 받거나 다른 나라에 의지하지 않고 독자적으로 존재하는 상태를 말해.

"우리나라의 독립을 선언한다! 대한 독립! 만세!"
드디어 온 나라가 하나가 된 **3.1 운동이 시작된 거야.**

 안녕! 난 **유관순**이야.
1919년 3월 1일, 나는 친구들과 함께 서울 한복판에서 태극기를 꺼내 들고
목이 터져라 만세를 외쳤어. 놀란 일본은 우리가 다니던 학교 문을 닫아 버렸지.
우리는 고향으로 돌아가서도 나라의 독립 만세를 부르짖었어.
일제는 만세를 외쳤다는 이유만으로 총칼로 **수많은 사람들의 목숨을 빼앗았어.**
나 역시 감옥에 갇혀 세상을 떠났지. 하지만 우리들의 희생은 헛되지 않았어.

독립을 바라는 사람들의 마음이 하나로 합쳐졌으니까!

대한민국 임시 정부가 만들어지다

3.1 운동을 경험한 사람들은 나라를 대표해 독립운동을 이끌어 갈 조직이 필요하다고 생각했어.

"일단 임시 정부라도 만듭시다!"

독립운동가들은 일본의 방해를 피해 중국 상하이에 **대한민국 임시 정부**를 만들었어. 임시 정부는 곧 **전 세계에 우리나라의 독립을 선언**했지. 나라 안팎으로 연락을 주고받을 **비밀 조직**도 만들었어. 《독립신문》을 펴내 독립운동 소식도 알렸지. 세계 곳곳에서 많은 한국인들이 임시 정부를 돕기 위해 힘들게 모은 돈을 보내왔어.

1919년 9월 대한민국 임시 정부 세워짐

우리나라의 독립은 우리가 이룬다!

대한민국 임시정부

만주에서 활약한 독립군

만주로 넘어갔던 우리나라 사람들은 빼앗긴 나라를 되찾기 위해 군대를 만들었어. 바로 **독립군**이야!

타타타탕!

"독립군 용사들이여, 나라를 위해 싸우자!"

독립군은 일본 군대와 경찰을 공격하며 **멋진 활약**을 펼쳤지. 일본은 한국인들이 독립군의 활약으로 용기를 얻고 일본에 맞서 싸울까봐 걱정했어. 결국 일본은 독립군 기지가 있던 만주로 쳐들어갔지! **독립군이 위험해!** 독립군은 과연 일본군을 이길 수 있을까?

독립군이 질까봐 걱정했니? 우리 독립군은 일본군보다 수가 적고 무기도 좋지 않았어. 대신 만주 땅을 잘 알고 있었지.

홍범도 장군과 **김좌진 장군**이 이끄는 독립군은 유리한 위치를 잡고 일본군을 노렸지.

"콰쾅!" "탕탕탕!"

독립군은 봉오동과 청산리에서 일본군을 크게 물리쳤어!

하지만 전투에서 진 일본군은 애먼 곳에 분풀이했어.
만주에 있는 한국인 마을을 불태우고 죄 없는 한국인들을 죽인거야.
으! 너무 원통한 일이야!

일제를 벌벌 떨게 한 의열단

우리나라의 독립을 위해 무기를 든 것은 독립군만이 아니었어.
만주에서는 **의열단**이라는 비밀 독립운동 조직이 만들어졌지.
의열단원들은 만주와 상하이에서 남몰래 무기를 가지고 들어와
조선 총독부와 같은 **일제의 기관을 공격했어.**
일본인들의 배만 불리던 일제의 은행과 회사도 공격했지.
또 **일본의 높은 관리들을 암살**하려는 활동도 벌였어.
의열단은 일본을 깜짝 놀라게 했을 뿐 아니라,
우리 민족의 독립 정신을 일깨우는 역할을 했지.

역사반 쉬는 시간

"뭐든 내 맘대로 할 거야! 우선 아무짝에도 쓸모없는 책부터 뺏겠다!"

"모조리 내놓아라! 간식도 다 내 거다!"

"으흐흑, 안 돼!"

"더 이상은 못 참아!"

"엄마야!"

"받아라, 얍!"

"몇 번을 말해! 일어나래도!"

"으악, 꿈이었잖아!"

 **더 생각해 보기**

휴…. 꿈이라서 다행이야! 친구들의 책과 간식을 모조리 빼앗다니 꿈이라도 정말 나쁜 일이었어. 일본도 비슷한 일을 한 것 같아.
일본은 우리나라를 빼앗은 후 어떻게 다스렸지?

2. 나라를 되찾기 위한 노력

여기도 저기도 글이 지워졌어.

신문 기사가 제멋대로 지워져 있잖아?

일제는 자기 입맛에 맞는 소식만 신문에 싣게 했거든.

검열된 신문
1930년 4월 1일자 동아일보야. 일제의 검열로 곳곳이 지워져 있어.

일제의 통치 방식이 달라졌다?

3.1 운동 때 우리 민족이 함께 일어나 **독립 만세**를 외쳤던 것 기억나지?
일제는 우리의 하나 된 힘에 매우 놀랐어.
3.1 운동 같은 큰 저항이 다시 일어날까봐 두려웠지.

"한국 사람들을 함부로 대해서는 안 되겠군!"

그러면서 일제는 우리 민족을 **다스리는 방식을 바꾸기로** 했어.
우리 민족을 예전보다 좀 더 잘 대우해 주겠다고 했지.
일제는 한국인들을 몽둥이로 때려서 벌주던 것을 그만두고,
학교에서는 더 이상 선생님들이 군복과 칼을 차지 않도록 했어.

또한 한국인들이 신문과 잡지를 펴내 읽는 것을 허락했어.

"이제 한국 사람도 정치를 할 수 있게 해 주겠다!"

일제는 우리 민족도 정치에 참여하게 해 준다면서
한국인을 대표하는 의원들을 뽑게 했지.
하지만 일제가 했던 일들은 실은 우리 민족을 위한 게 아니었어.
우리 민족 대표로 의원이 된 사람들은 실제로는 일제 편에서 일하는 **친일파**들이었거든.
일제는 한국인들에게 자유를 주는 척하면서 전보다 더욱 철저히 감시했어.

> **친일파**
> 일제 강점기 때 우리나라를 배반하고 일본을 도운 무리를 말해.

민족의 실력을 기르자!

우리 민족이 독립을 이루려면 어떻게 해야 할까?
어떤 사람들은 일단 우리 **민족의 실력을 길러야 한다**고 생각했어.
그러려면 우선 **공부를 열심히 해야 한다**고 생각했지. 억, 또 공부 얘기!
하지만 나라를 되찾을 힘이 배움에서 나온다고 본 거야. 그들은 또한 외국 물건 대신
우리나라 사람들이 만든 물건을 사용하자는 운동도 벌였어.
"우리가 만든 것 우리가 쓰자!"
그래야 우리 물건이 많이 팔릴 테고, 그만큼 우리 민족의 경제도 발전할 테니까.

사회 곳곳에서 터져 나온 목소리

그때 한국인들은 대부분 농사를 짓고 살았어. 하지만 넓은 땅의 주인은 일본인인 경우가 많았지. 그러다보니 **농사지은 곡식**도 일본인 땅 주인들이 가져갔어.
공장에서는 한국인 노동자들이 일본인과 똑같이 일해도 그들보다 훨씬 적은 월급을 받았어.

소작료
남의 논밭을 빌려서 농사를 지은 대가로 땅 주인에게 주는 비용이야.

"열심히 일하면 뭐 해? 일본인만 잘살게 되는데!"

결국 참다못한 한국인 농민들과 노동자들이 들고일어났어.
농민들은 소작료를 줄여 달라며, 노동자들은 정당한 월급을 달라며 일제에 맞섰지.

한편 이 시기에는 여성들도 차츰 **제 목소리**를 내기 시작했어.

"여성도 남성과 똑같이 존중받아야 한다!"

이전까지 여성은 학교 공부도, 결혼도 마음대로 할 수 없었지.
그런데 이 무렵부터 남성과 똑같은 권리를 요구하기 시작한 거야.
여성들을 위한 강연도 열리고, 나라 밖에서 독립군이 되는 여성도 생겨났어.
한편 어린이들에 대한 관심도 높아졌어.
방정환은

"어린이를 어른과 똑같이 존중하자!"

고 하며 **어린이날**을 처음으로 만들었어.

다시 일어난 만세 운동

1926년 대한 제국의 **마지막 황제였던 순종**이 세상을 떠났어.
사람들은 순종의 죽음을 슬퍼하며 3.1 운동과 같은 만세 운동을 다시 한번 계획했어.
하지만 일제는 손 놓고 있지 않았지. 경찰을 시켜 만세 운동을 철저히 막으려고 한 거야!
그러나 학생들은 포기하지 않았어.

"우리가 태극기와 독립 선언서를 만듭시다!"

드디어 6월 10일, 학생들이 외치는 '**독립 만세**' 소리가 전국 곳곳에서 울려 퍼졌어.
이게 바로 **6.10 만세 운동**이야.

민족의 힘을 모은 신간회

6.10 만세 운동 후, 사람들은 다시 뭉치기 시작했어.

이들은 **신간회**라는 모임을 만들어 일제와 친일파에 맞서 싸우기로 다짐했지.

"친일파가 아니라면 모두 하나로 모입시다!"

신간회는 노동자와 농민을 돕고, 강연회를 열어 사람들을 교육했어.

신간회는 우리 민족의 독립운동을 지켜주는 기둥과 같았어.

서로 **생각이 다르더라도 독립이라는 목표 앞에서 하나**가 될 수 있었으니까.

하지만 신간회는 일제의 탄압을 받아 결국 해체되고 말았어.

역사반 쉬는 시간

그게 뭐야?

특별 활동 시간에 먹으라고 학교에서 나눠 준 간식이야.

뭐라고? 그런데 왜 우리 역사반은 안 줘?

그러게! 이건 차별이라고!

얘들아, 안녕!

선생님! 우리 역사반이 차별받고 있어요!

맞아요! 우리 역사반만 간식을 주지 않았다고요!

아, 그거? 1인분인 줄 알고 내가 다 먹었는데….

헐….

더 생각해 보기

역사반이 차별받지 않아 다행이야. 차별받는 건 딱 질색이거든!
1929년 광주에서 학생들이 들고일어난 이유도 비슷했는데, 그 이유가 무엇이었지?

3. 일본이 전쟁에서 패배하다

일본인이 되라고?

일제는 전쟁에서 이기기 위해 수단과 방법을 가리지 않았어. 우선 우리 민족을 진심으로 **일본에 충성하는 국민으로 만들려고 했지.** 그래서 한국인들에게 한글은 가르치지 않고 일본어만을 쓰게 했어. 이름도 강제로 일본식으로 바꾸게 했지. 그뿐만이 아니야.

"너희는 모두 일본 천황 폐하의 백성들이다!"

사람들은 매일 일본 왕이 사는 도쿄를 향해 엎드려 절을 하고 기도를 해야 했어. 생각만 해도 **소름 끼치는** 일이지 않니?

무리하게 여러 나라와 전쟁을 벌인 일제는 점점 전쟁에 쓸 자원이 부족해졌어.

"일본을 위해 너희들의 모든 것을 바쳐라. 목숨까지도!"

일제는 일본군의 식량으로 쓰기 위해 한국 사람들의 **쌀을 빼앗아 갔어.**
무기를 만들기 위해 **놋그릇과 수저까지** 가져갔지.
또 사람들을 멀리 일본과 태평양의 섬으로 끌고 가서 **강제로 일하게 했어.**
심지어 여성들을 강제로 전쟁터로 끌고 가 크나큰 고통을 받게 했어.
참으로 끔찍한 나날들이었지.

민족의 정신을 지켜라!

일제는 **한국인의 정신**까지 일본의 것으로 만들려고 했어.
하지만 우리의 말과 글, 그리고 역사를 지키려는 사람들의 노력은 계속됐어.

"우리 문화를 지켜야 언젠가 다시 독립할 수 있다!"

국어학자들은 우리말 사전을 만들었고, **역사학자**들은 우리 민족의 역사를 열심히 연구했지.
많은 사람이 일제의 위협에 굴복하지 않고 **우리 문화를 연구**하는 데 힘썼어.
그 덕분에 우리는 지금 이렇게 우리말과 우리 역사를 배울 수 있는 거야.

세계를 놀라게 한 윤봉길

일제가 중국을 마구 침략해 들어갈 때, 일본의 등골을 **오싹하게** 만든 사건이 있었어. 일본군이 중국 상하이의 훙커우 공원에서 승리를 축하하는 기념식을 여는 날이었어.

 귀청을 울리는 큰 폭발 소리가 들렸지. **윤봉길 의사**가 **폭탄**을 던져 기념식장에 있던 일본군 대장을 없앤 거야! 일본군 여럿도 크게 다쳤지. 윤봉길의 활약이 알려지자 **일본은 공포에 떨었고,** **중국은 크게 감탄했어.** 수많은 중국군이 하지 못한 일을 윤봉길이 혼자 해낸 거야!

"내 조국의 독립을 위해, 얍!"

"으악!"

일제의 무릎을 꿇려라!

만주에서 활약했던 우리 독립군은 한동안 일제의 탄압 때문에 활동이 어려웠어.
하지만 만주에 살고 있던 많은 한국인은 계속 **독립군 부대**를 도왔어.
힘을 얻은 독립군 부대들은 만주 지역의 중국군과 함께 **여러 차례 일본군**을 **격파**했어.
대한민국 임시 정부는 여러 독립군 부대를 모아 새로운 부대인 **한국광복군**을 만들었어.
"일제와 맞서 싸우기 위해 모두 열심히 훈련하라!"
병사들은 언젠가는 일제를 무너뜨리겠다는 꿈에 부풀었어.

오랜 전쟁 끝에 일본은 점점 막다른 골목으로 몰렸어.
미국이 일본에 떨어뜨린 **원자 폭탄**은 일본의 싸우려는 의지를 완전히 꺾어 버렸지.
마침내 1945년 8월 15일, 일본에서 우리가 그토록 바라던 소식이 들려왔어.
"일본은… 무조건 항복합니다…"
야호! 드디어 일본이 패배를 인정하고 항복을 선언했어!
머나먼 땅에서 일본에 맞서 싸우던 사람들은 서로 얼싸안고 눈물을 흘리며 기뻐했지.

드디어 우리가 이긴 거야!

역사반 쉬는 시간

> 재미없는 역사 공부는 왜 해?

> 나처럼 영어를 공부해야지!

> 아이 엠 어 핸썸 보이~

> 이거부터 읽고 이야기해!

> 척

> 용선생 한국사

> 그래, 한번 읽어나 볼게! 딱 봐도 재미없을 것 같지만….

> 휙

> 다음 날

> 도… 도저히 멈출 수가 없어!

> 얘 설마 밤새 읽은 거야?

> 부들

더 생각해 보기

영어 공부만 하던 친구가 한국사를 좋아하게 돼서 다행이야! 우리 역사와 문화의 소중함을 알게 된 거지. 일제 강점기 독립운동가들은 민족 문화를 지키기 위해 어떤 노력을 했었지?

왕수재의 정리王 왕!

1. 3.1 운동이 일어나다

- 일제가 우리나라를 폭력적으로 다스리자, 우리 민족은 **3.1 운동**으로 저항했어.
- 3.1 운동 후 독립운동을 이끌어 갈 조직으로 **대한민국 임시 정부**가 세워졌어.
- **독립군**과 **의열단**은 무기를 들고 일제에 맞서 싸웠어.

2. 나라를 되찾기 위한 노력

- 일제는 3.1 운동 후 한국의 문화를 존중하는 척하면서 **친일파**를 키웠어.
- **신간회**는 서로 생각이 다른 독립운동가들을 하나로 뭉치게 했어.
- 전국의 학생들은 일제에 맞서 **광주 학생 항일 운동**을 벌였어.

3. 일본이 전쟁에서 패배하다

- 일제는 우리말을 쓰지 못하게 하며 **우리 민족의 정신**까지 없애려 했어.
- 독립운동가들은 **우리말과 역사**를 가르치며 민족정신을 지키려고 했어.
- 1945년 연합군의 공격으로 **일본은 마침내 항복**했어.

"슈퍼 천재 왕수재가 1분 만에 정리해 줄게!"

🚩 가로 열쇠

② 중국 상하이에 세워진 임시 정부가 독립운동을 널리 알리기 위해 만든 신문이야.

④ 3.1 운동 이후 중국 상하이에 세워진 정부야. 대한민국 ○○ ○○라고 해.

⑦ 1919년 3월 1일을 시작으로 일어난 만세 운동이야. 이름을 한글로 써 줘.

⑧ 중국 훙커우 공원에서 폭탄을 던져 일본군에 큰 피해를 입힌 사람이야.

⑩ 순종의 장례에도 사람들은 만세를 불렀어. 이를 6.10 ○○ ○○이라고 해.

🚩 세로 열쇠

① 어린이날을 만든 사람이야. 어린이를 어른과 똑같이 존중하자고 주장했어.

③ 일제와 친일파에 맞서기 위해 서로 다른 생각을 가진 사람들이 모여 ○○○를 만들었어.

⑤ 일제는 일본인 말을 잘 듣는 ○○○를 키우려고 했어.

⑥ 공장에서 일하는 ○○○들은 일본인과의 차별에 반대하고 정당한 월급을 달라며 항의했어.

⑨ 홍범도 장군과 김좌진 장군은 ○○○과 청산리에서 일본군을 크게 물리쳤어.

특명! 독립군의 비밀 임무를 완수하라!

임시 정부에서 오신 독립군 동지, 반갑습니다. 동지에게 내려진 비밀 임무는 아래에 적혀 있습니다. 일본 경찰을 피해 반드시 임무를 완수하십시오. 또, 동지의 뒤를 쫓는 일본의 스파이가 있다는 첩보가 있으니, 절대 왔던 길을 되돌아가서는 안 됩니다. 그럼, 동지의 앞날에 행운이 있기를…!

임무 #1.
일제 식민 지배의 중심,
조선 총독부를 염탐하라!

임무 #2.
독립군 동지를 만나기 위해
종묘로 가라!

임무 #3.
기차가 서는 곳으로 가서
기차를 타고 경성을 탈출하라!

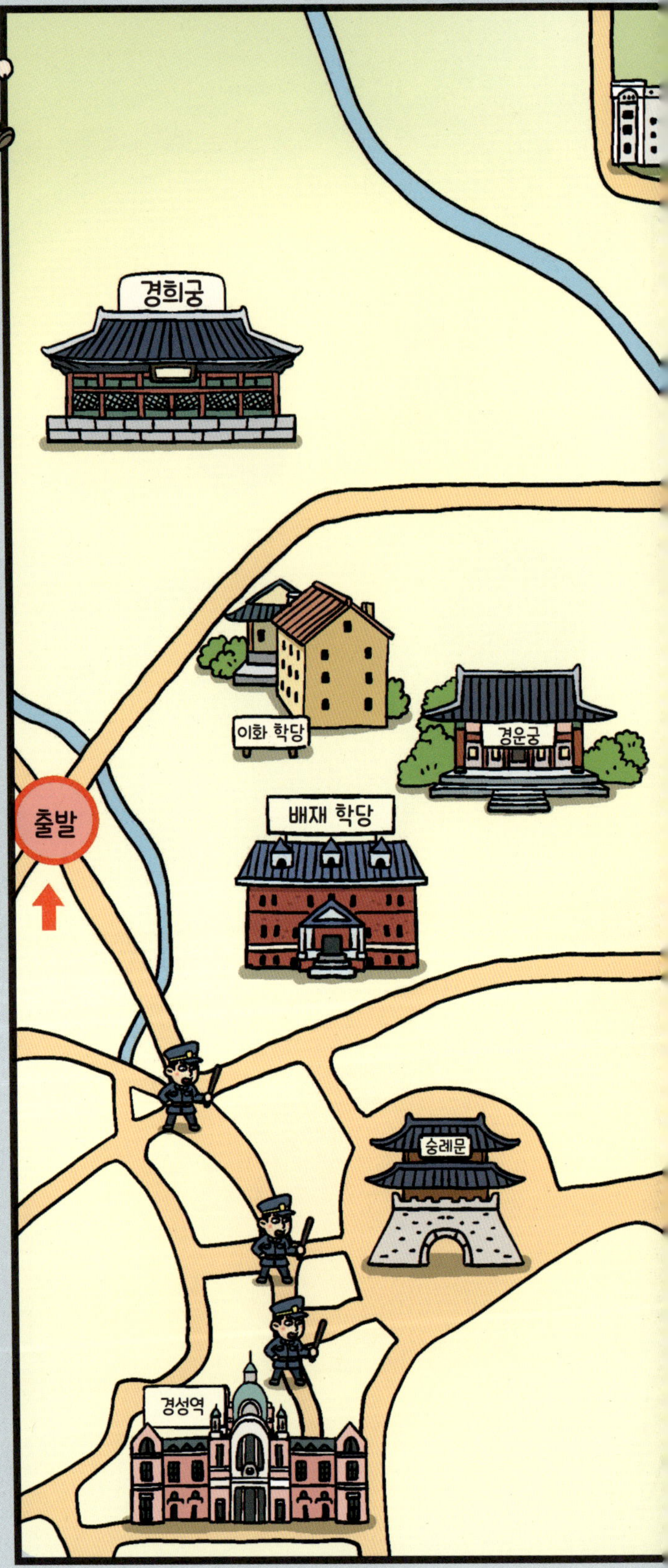

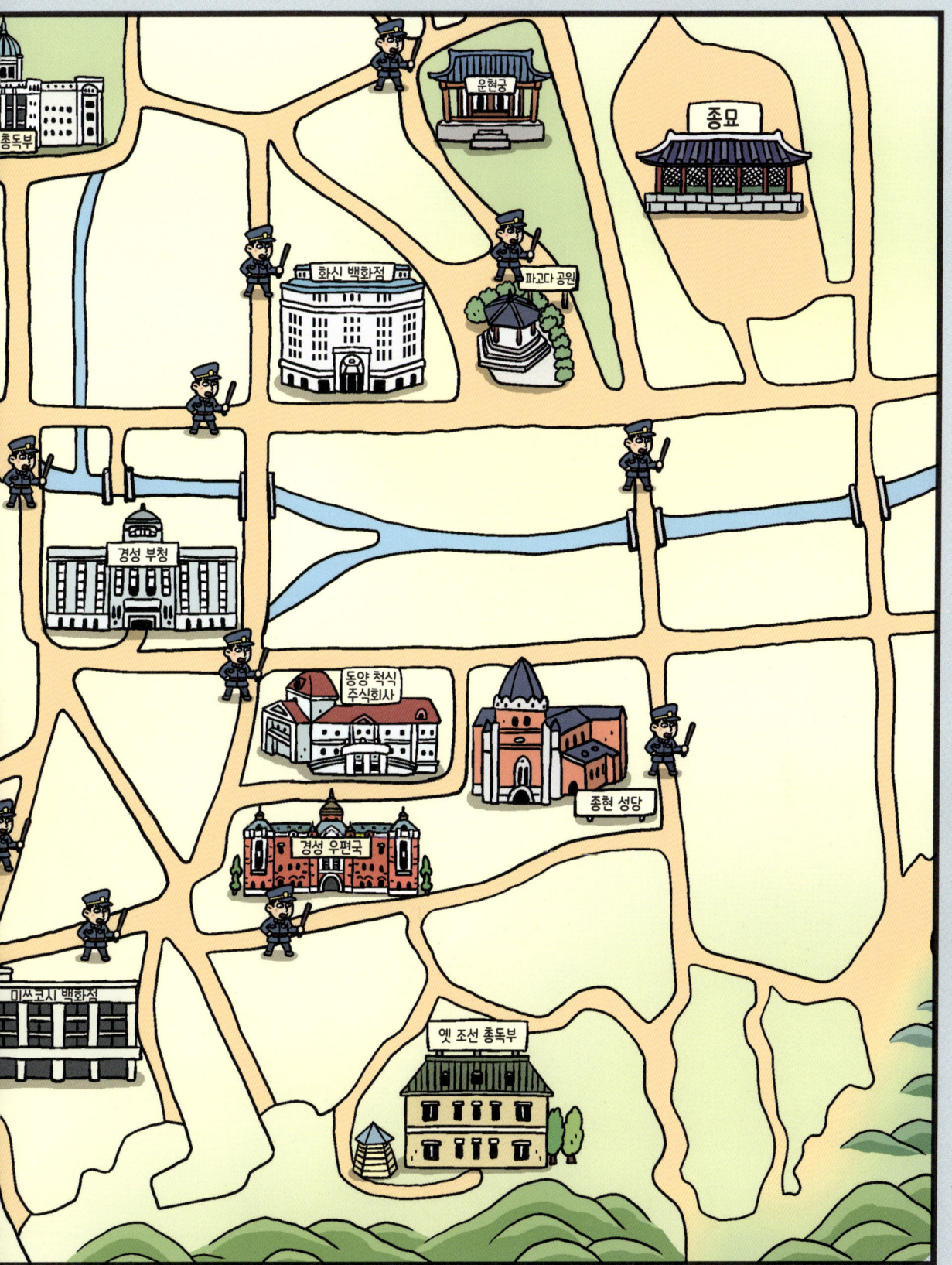

4 대한민국의 발전과 우리

우리나라는 일본의 지배에서 벗어나 광복을 맞이했지만,
미국과 소련에 의해 남북으로 나뉘게 되었어.
곧이어 남북 사이에 벌어진 6.25 전쟁은 큰 상처만을 남겼지.
이후 남한에서는 독재 정부가 잇달아 들어섰지만,
우리 국민은 독재 정부를 무너뜨려 민주주의를 발전시키고,
빠르게 경제 성장을 이루어 냈어.

8.15 광복을 맞이하다

6.25 전쟁이 일어나다

독재를 비판하는 시위가 일어나다

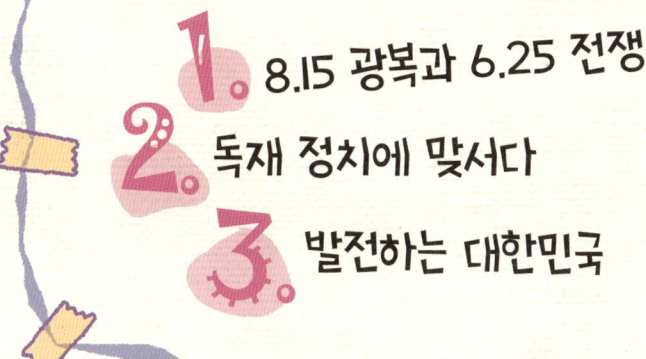

1. 8.15 광복과 6.25 전쟁
2. 독재 정치에 맞서다
3. 발전하는 대한민국

독재 타도

군인들이 정권을 차지하다

전국에 민주화 시위가 들끓다

평화를 위해 남북의 정상이 만나다

이 단원에서 배울 단어

광복, 삼팔선, 좌익, 우익, 분단, 국제 연합(UN), 휴전, 독재 정치, 정변, 유신 헌법, 민주주의, 남북 정상 회담

1. 8.15 광복과 6.25 전쟁

대한민국 정부 수립 기념식

광복을 맞은 지 정확히 3년이 되는 1948년 8월 15일 대한민국 정부 수립을 나라 안팎에 선포했어.

마침내 광복을 맞이하다!

1945년 8월 15일 우리나라는 일본의 지배에서 벗어나 **광복**을 맞이했어.

"드디어 해방이다! 대한 독립 만세!"

> **광복**
> 빼앗긴 나라의 주권을 다시 찾는 것을 말해.

사람들은 거리로 뛰어나와 *기쁨에 겨워* 환호했어. 그래서 우리는 매년 8월 15일을 **광복절**로 기념하고 있지. 이날이 있기까지 수많은 사람들이 국내는 물론 해외에서 우리나라의 독립을 위해 싸웠어. 우리나라가 광복을 맞이할 수 있었던 건 바로 그런 **독립운동가들 덕분이라는 걸 잊지 말아야** 해.

1945년 8.15 광복

그런데 광복 이후에 이상한 일이 벌어졌어. **미국과 소련의 군대**가 우리나라에 들어온 거야! 미국과 소련은 일본을 무찌를 땐 힘을 합쳤지만, 사실 두 나라는 사이가 좋지 않았어. 서로 자기가 제일 힘센 나라가 되고 싶었거든. 두 나라는 서로 **으르렁**거리며 우리나라를 각자 자기편으로 만들려고 했어.

"일단 남과 북으로 나누어 맡자!"

마침내 두 나라는 우리나라에 멋대로 **삼팔선**(38도선)을 그어 버렸어. 우리나라의 독립은 아직 완성되지 않은 거야.

> **삼팔선**
> 북위 38도선에 그어진 남한과 북한의 경계를 말해.

두 편으로 나뉜 사람들

미국과 소련이 들어온 뒤, 사람들은 미국을 지지하는 쪽과 소련을 지지하는 쪽으로 나뉘어 서로 다투기 시작했어.

"소련처럼 땀 흘려 일하는 사람이 대접받는 나라를 만듭시다!"

VS

"아니오, 미국처럼 누구나 자유롭게 꿈을 펼치는 나라를 만듭시다!"

이제 광복이 되었으니 새로운 나라를 만들어야 하는데, 어떤 나라를 만들지를 놓고 두 패로 나뉜 사람들은 한 치의 양보도 없는 힘겨루기를 시작했어.

> "남북한 합쳐서 총선거를 실시해 하나의 정부를 만드시오."

국제 연합(UN)
제2차 세계 대전 후 세계의 평화와 안전을 위해 만들어진 국제기구야.

국제 연합(UN)이 내린 결정이었어. 하지만 북한은 이 결정을 받아들이지 않았지. 결국 **남한에서만 단독 선거**가 진행됐어. 반쪽짜리 선거이긴 했지만, 우리나라 사람들이 처음으로 자신의 대표를 뽑는 선거였지. 이 선거를 통해 마침내 **대한민국 정부**가 세워지고 **첫 대통령으로 이승만**이 당선됐어. 북한에서도 곧 새 정부를 세우면서, 남한과 북한은 이제 완전히 갈라지게 되었어.

6.25 전쟁이 일어나다

남한과 북한은 각각의 정부를 세운 뒤에도 누가 더 나은지 입씨름을 계속했어. 그러던 어느 날, **"타타 탕! 콰앙!"**
1950년 6월 25일, 서울에 **탱크 소리**가 진동했어. 북한군이 갑작스레 남한에 쳐들어온 거야! 예상치 못한 공격에 남한 정부는 3일 만에 서울을 빼앗기고 피란을 떠나야 했어. 그렇게 밀리고 밀려 결국 부산까지 이르렀지.

SOS!!!!!!! **"위기에 처한 대한민국을 도와주시오!"**
남한의 구조 요청을 받은 미국은 다른 나라들과 함께 **국제 연합군**을 보내 주었어.

연합군은 불리한 전세를 뒤집을 방법이 필요했어.

"인천을 기습해서 일단 서울을 되찾자!"

작전은 대성공이었어. 연합군은 여세를 몰아 한반도 북쪽 끝까지 밀고 올라갔지. 그러자 이번엔 북한이 중국에게 도움을 요청했어. 중국은 **어마어마한** 수의 군대를 보냈지. 힘에 부친 연합군은 다시 남쪽으로 밀려나게 되었어.

"지긋지긋한 이놈의 전쟁! 대체 언제 끝나냐?"

양쪽은 3년 동안이나 서로 죽고 죽이는 잔혹한 전쟁을 계속했어.

전쟁이 남긴 상처

오랜 전쟁에 지친 양쪽은 이제 그만 싸우고 휴전하기로 약속했어. **휴전**이란 전쟁을 잠시 멈춘다는 뜻이야. 전쟁은 멈췄지만 그동안 두 나라에 끼친 피해는 정말 컸어. 많은 사람이 죽었고, 수많은 건물과 공장이 부서졌지.

"우리 아이 못 보셨나요?" "엄마, 어디 있어요!"

이렇게 가족을 잃어버린 사람도 무척 많았어. 게다가 전쟁 이후에는 같은 민족인 **남과 북이 서로를 몹시 미워하게 됐지.** **전쟁은 정말 슬픈 일이야.** 절대로 다시는 일어나선 안 돼!

역사반 쉬는 시간

> 근데 얘들아, 만약에 당장 전쟁이 일어난다면 너희들은 무엇을 하겠니?
>
> 6.25 전쟁
>
> 네?

> 귀중품부터 챙겨요!
> 무슨 소리야! 먹을 것부터 챙겨야지!
> 물이 가장 중요해!
> 시끌벅적
> 여권부터 챙겨야 하는 거 아니냐?

> 난… 엄마 아빠부터 단단히 챙길 거야, 떨어지지 않게!
> 멈칫

> 엄마 아빠!!
> 엄마… 보고 싶어요!
> 으앙
> 흑흑흑

 **더 생각해 보기**

혹시라도 전쟁이 일어나 엄마, 아빠랑 헤어지게 된다면 너무나도 가슴이 아플 것 같아. 생각하기도 싫은걸.
6.25 전쟁 때 우리나라 사람들은 어떤 아픔을 겪었을까?

2. 독재 정치에 맞서다

4.19 혁명 때 환호하는 시민들

수많은 학생과 시민들은 독재와 부정 선거에 항의하는 대규모 시위를 벌여 이승만을 대통령직에서 물러나게 했어.

학생과 시민이 독재자를 끌어내리다

대한민국의 첫 번째 대통령이었던 **이승만**은 권력 욕심이 많았어. 아무래도 왕처럼 죽을 때까지 대통령을 하고 싶었나 봐.

"내가 계속 대통령을 할 수 있도록 **헌법**을 바꿔야겠어!"

> **헌법** 나라의 으뜸 가는 법이야.

이승만은 헌법을 두 번이나 바꾸고, 선거에서 투표수를 조작하기까지 했어. 경쟁자는 북한의 간첩으로 몰아서 사형을 시켰지. 이렇게 권력을 독차지하고 **제멋대로** 하는 정치를 **독재 정치**라고 해. 이승만 정부의 독재 정치가 계속되자, 국민들의 불만은 커질 대로 커졌어.

1960년 네 번째 대통령 선거에서 이승만 정부는 또다시 <mark>부정 선거</mark>를 저질렀어. 참지 못한 학생들은 전국 곳곳에서 항의 시위를 벌였어.

> 부정 선거
> 정당하지 못한 방법으로 치른 선거를 말해.

"부정 선거 금지!" "이승만은 물러나라!"

그러자 경찰은 학생들을 향해 **무자비하게 총**을 쏬어! 수백 명의 사람이 목숨을 잃었지. 사람들은 더욱 분노했어. 시위 참여자들은 날이 갈수록 늘어났지. 버틸 수 없었던 이승만은 결국 대통령 자리에서 물러났어. 대단하지?
학생과 시민의 힘으로 독재 정치를 무너뜨린 거야!

군인들이 반란을 일으키다

이승만이 물러난 후 **장면**을 중심으로 한 새 정부가 세워졌어. 새 정부는 **나라의 경제 성장을 가장 중요하게 생각**했어. 그리고 전쟁을 겪으면서 지나치게 커졌던 군대의 크기를 줄이려고 했지. 그러자 **박정희**가 이끄는 군인들이 탱크를 몰고 와 **정변**을 일으켰어.

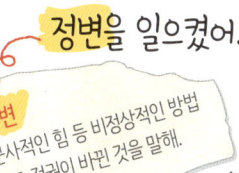

정변
군사적인 힘 등 비정상적인 방법으로 정권이 바뀐 것을 말해.

"이 정부는 틀렸어. 앞으로 이 나라는 우리 군인이 이끌겠다!"

1961년 5월 16일에 일어난 이 사건을 **5.16 군사 정변**이라고 해. 그리고 몇 년 뒤 **박정희는 대통령에 당선**됐어.

힘으로 국가의 권력을 차지하고 말 테다, 으하하!

큰일이야! 나라를 지켜야 할 군인이 권력을 욕심내다니!

쑥쑥 커 가는 경제

박정희 정부도 경제를 가장 중요하게 생각했어.

"일단 먹고사는 문제를 해결해야 해. 그래야 국민이 우릴 지지할 거야."

박정희 정부는 우선 **일본과 화해**하고, 일본으로부터 경제 개발에 필요한 돈을 얻었어. 또 미국에게서 경제 지원을 받고 **베트남 전쟁에 군대**를 보냈지. 이렇게 얻은 돈을 바탕으로 정부는 **수출 산업을 키워 나갔어.** 여기에 잘살고자 하는 국민들의 노력이 더해지면서, 1960년대 후반부터 우리나라의 경제는 빠르게 성장하기 시작했어.

베트남 전쟁
1960~70년대에 베트남과 미국 사이에 벌어진 전쟁이야.

경제가 좋아지고 있어!

수출이 이렇게 잘되니, 부자 될 날도 머지않았군! 으하하!

○○공장

하지만 빠른 경제 성장에는 여러 문제도 뒤따랐어. 물건을 빨리 많이 만들어 파는 것만 신경 쓰다 보니, 정작 그 물건을 만드는 사람들을 제대로 대우하지 못한 거야. 수출 상품을 만드는 공장에서 일하는 노동자들은 제대로 먹지도 자지도 못한 채 **오랜 시간 일**을 해야 했어.

"아이고, 어깨야 눈이야 다리야."

일하는 환경이 너무 안 좋아서 병을 달고 사는 사람도 많았지. 우리나라가 경제 성장을 이루는 데는 이처럼 **많은 사람들의 희생**이 있었어.

짓밟힌 민주주의

권력은 참 달콤한 것인가 봐. 박정희도 이승만처럼 손에 쥔 권력을 놓고 싶지 않아 했어. 그러더니 박정희는 아예 본인이 평생 대통령을 할 수 있도록 '**유신 헌법**'이란 걸 만들었어. 유신 헌법 아래서 국민들은 대통령을 뽑을 권리를 빼앗기게 되었어. 국회 역시 힘을 잃고 오로지 **대통령만이 어마어마한 권력**을 휘두를 수 있게 됐어. 대통령은 국민의 자유마저 제한하고 온 나라를 쥐락펴락하게 되었어!

유신 헌법이 발표되자, 전국의 대학생들이 나서서 반대 시위를 벌였어. 정부는 그런 학생들을 모조리 잡아갔지. **정부를 비판하는 말과 글도 감시**했어. 사회 분위기는 점점 어두워졌지. 정부는 사람들의 머리 길이와 옷차림까지 단속했어. 저기 봐, 경찰이 여성의 치마 길이를 재고 있네. 남학생의 긴 머리를 자르려고 해! 심지어 가요의 노랫말조차 맘대로 쓸 수 없었어.

"'키가 작다'는 노랫말을 써? 대통령의 작은 키를 욕하다니! 노래 금지!"

참 황당하지?

민주주의를 지켜라!

민주주의
나라의 주인인 국민의 뜻에 따라 나라를 이끌어 가는 제도를 말해.

하지만 **민주주의**를 위한 투쟁은 결코 멈추지 않았어. 점점 더 많은 사람들이 유신 헌법에 반대하며 민주화를 요구했어. 특히 **부산**과 **마산**에서는 수많은 시민들이 거리로 쏟아져 나왔지. 시위가 계속 커지자 박정희는 군대를 보내 시민들을 강제로 억누르고 간첩으로 몰기도 했어.

"대통령의 행동이 도를 넘어섰군!"

1979년 10월, 박정희에게 **불만을 품은** 부하가 박정희에게 총을 쏘았어. 유신 헌법도 막을 내렸지.

역사반 쉬는 시간

> 이번 선거에서는 반드시 내가 회장이 되어야지!

> 선거 전에 아이들에게 간식이라도 돌리면 어떨까?

> 얘들아, 이거 받아.

> 나선애! 지금 뭐하는 거야?

> ?

> 으응? 선애가 먼저?

> 선거에서 이기려고 치사한 방법을 쓰다니!

> 그래? 그럼 너희들도 줄게.

> 다음 시간까지 꼭 해 와야 해.

> 이… 이게 아닌데….

> 흥, 우리를 꼬드겨 봤자 소용없어!

더 생각해 보기

수재랑 하다는 설마 부정 선거를 하려고 했던 거야?
4.19 혁명 이야기는 기억도 못 하나 봐.
너희는 4.19 혁명이 왜 일어났는지 알고 있니?

129

끈질기게 피어나는 민주주의의 꽃

박정희가 세상을 떠나자, 사람들은 독재 정치가 끝났다고 생각했어.
하지만 곧 전두환, 노태우 등의 군인들은 **또다시 정변**을 일으켰어!
이들을 **신군부**라고 해. 사람들은 숨 돌릴 틈도 없이 다시 거리로 나섰지.

"우리는 민주주의를 원한다!" "신군부는 물러나라!"

서울을 비롯한 여러 지역에서 시위가 일어났어. 그러자 신군부는 오히려 사람들을
더 잔인하게 짓밟았지. 하지만 우리 국민들은 결코 포기하지도 멈추지도 않았어.
민주주의의 꽃은 계속 피어났어.

1980년 5월, 광주 시민들은 민주주의의 회복을 요구하며 시위를 벌였어. 그러자 신군부는 군대로 광주를 포위했어.

"시위하는 시민들을 향해 모두 쏴라!" "타타타타탕"

군인들은 광주 시민들을 무자비하게 때리고 총을 쏘았어! 나라의 군대가 국민에게 총을 쏘다니! 이 일로 많은 사람들이 목숨을 잃었어. 정말 끔찍한 일이었지. 이것이 **5.18 민주화 운동**이야. 비록 **신군부의 군홧발**에 짓밟혔지만, 이후 계속될 **우리나라 민주화 운동의 밑거름**이 됐지.

마침내 되찾은 민주주의

신군부를 이끌던 전두환은 권력을 차지하고 대통령이 되었어. **전두환** 정부는 민주주의를 향한 **국민의 관심을 다른 곳으로** 돌리고 싶었어. 그래서 사람들이 보는 뉴스나 신문은 철저히 감시하고, 프로 야구나 영화와 같은 볼거리, 즐길 거리를 늘렸어. 정치 문제는 그만 잊고 지내라는 속셈이었지.

"우리가 그런다고 속을 줄 알고?"

많은 대학생들이 민주화를 요구하며 학생 운동을 벌였어.
전두환 정부는 이들을 탄압했지만, 학생들의 저항은 계속됐지.

1987년 6월 민주 항쟁

그러던 중 충격적인 사실이 알려졌어. 학생 운동에 참여했던 대학생 **박종철**이 경찰의 고문을 받다가 그만 죽었다는 거야! **시민들은 분노**했지. 뒤이어 또 다른 대학생 **이한열**이 경찰이 쏜 최루탄에 맞아 목숨을 잃는 일까지 생겼어. 마침내 **1987년 6월**, 전국의 시민들은 거리로 뛰쳐나와 민주주의를 요구했어.

고문: 궁금한 일을 알아내기 위해 육체적·정신적으로 심한 고통을 주는 일을 말해.

"더는 못 참겠다!" "폭력 정부는 물러나라!"

수많은 시민에 놀란 정부는 두 손을 들 수밖에 없었어. 정부는 **민주적인 대통령 선거를 약속**했지.

국민의 대표를 직접 뽑다

"투표는 국민의 권리입니다. 모두 투표합시다!"

이제 국민은 자신들의 손으로 직접 대통령을 뽑을 수 있게 됐어. 1987년에는 신군부 출신인 **노태우**가 대통령에 당선되었어. 1992년에는 오랜만에 군인 출신이 아닌 **김영삼**이 대통령에 당선되었지. 김영삼 정부 때에는 지역 주민이 직접 자신들의 대표를 뽑는 **지방 자치제가 실시**됐어. 또한 군사 정변을 일으킨 책임을 물어 전두환과 노태우 두 **전직 대통령들에게 벌**을 주었어.

눈부신 경제 성장과 위기

우리 국민은 각자의 자리에서 열심히 일했어. 덕분에 우리나라의 경제는 꾸준히 성장했지. 1994년에는 우리나라의 1인당 국민 소득이 1만 달러를 넘었어. 1970년에 255달러였던 것과 비교하면 참 엄청난 변화지? 경제가 성장하면서 사람들의 씀씀이도 커졌어. 또 개인의 개성과 자유를 중요하게 생각하게 되면서 다양한 대중가요가 인기를 얻기도 했지.

1인당 국민 소득
1년 동안 전체 국민이 벌어들인 소득을 국민의 수로 나눠 평균을 낸 거야.

"안녕하세요~ **서태지와 아이들**입니다!"

지금과 같은 아이돌 그룹이 처음 생겨난 것도 1990년대라고!

1990년대에는 외국과의 교류가 크게 늘어났어. 해외여행이 늘고, 외국 물건을 사는 일도 많아졌지. 하지만 1997년부터 우리나라의 경제 상황이 급격히 안 좋아졌어. 그러자 외국인들은 그동안 우리나라에 투자한 돈을 갑자기 무더기로 빼 갔지.

"경제 위기가 심각합니다. 대기업도 무너지고 있어요!"

갑작스런 경제 위기로 많은 국민들이 큰 **고통과 절망**에 빠졌어. 하지만 우리 국민은 '금 모으기 운동'을 벌이면서 나라의 경제 위기를 헤쳐 나갔어.

통일을 위한 노력

남한과 북한은 오랫동안 서로 대립해 왔어. 하지만 평화를 위한 노력도 계속되었지.

1985년에는 남북한에 흩어져 있던 이산가족이 분단 이후 처음으로 만날 수 있었어.

이산가족: 전쟁 등으로 서로 만날 수 없게 된 가족을 말해.

이후 차츰 남북한 사이에 화해 분위기가 생겨나, 많은 사람이 북한의 관광지를 여행하기도 했지.

"오오, 금강산이 저렇게나 아름답다니!"

2000년에는 마침내 남북한의 정상이 만났어. 곧이어 열린 남북 정상 회담에서 두 정상은 함께 **평화 통일을 위해 노력하자고 약속**했지.

이산가족 상봉
1985년 남북 이산가족의 만남

금강산 관광
1998년 금강산 관광 사업 시작

남북 정상 회담
2000년 제1차 남북 정상 회담

길이 너무 울퉁불퉁해요!

힘들어도 꼭 가야 할 길이란다!

2004년에는 남북이 힘을 합하여 **개성 공단**을 만들고 여러 제품을 만들었어. 2007년에는 오랫동안 끊어져 있던 서울과 신의주 사이의 **경의선 철도**를 다시 연결하기도 했지. 하지만 남북한의 협력이 항상 잘되었던 건 아니야. 특히 북한이 **핵미사일**을 개발하면서 남북 관계는 얼어붙기도 했지. 하지만 남북 사이에는 다시 한번 **따뜻한 바람**이 불고 있어.
2018년 문재인 대통령과 북한의 김정은 국무위원장은 함께 만나 한목소리로 말했어.

"이제 한반도에서 전쟁 위험을 없애고 서로 협력합시다!"

발전하는 대한민국

우리 국민은 그동안 험난한 길을 걸어 왔어. 하지만 수많은 어려움을 잘 극복해 냈지. 우리는 전쟁으로 폐허만 남은 땅에서 누구보다도 빠르게 **경제 성장**을 이뤄 냈어. 또 국민의 자유를 꽁꽁 옭아맸던 독재 정부를 무너뜨리고 **민주주의**를 이뤘지. 이제는 많은 사람들이 대한민국의 이름을 세계에 널리 알리고 있어.

"한국 가수 정말 멋져요! BTS 최고!"

> **한류**
> 한국의 대중문화가 해외에서 인기를 얻는 현상을 말해.

드라마와 대중가요를 비롯한 우리의 대중문화는 한류라는 이름으로 세계인의 사랑을 받고 있지!

K-POP 스타 뉴욕 공연

지금까지 역사반과 함께한 역사 여행 어땠니? 아주 먼 옛날 구석기 시대부터 지금의 대한민국에 이르기까지, 우리의 역사를 참 빠르게 지나왔지?
길고 긴 역사 동안 사람들은 **더 나은 삶**을 만들기 위해 노력했어. 더 튼튼한 도구를 만들고, 더 힘센 나라를 만들고, 더 행복한 사회를 만들려고 말이야.
앞으로도 더 나은 세상을 위한 사람들의 노력은 계속될 거야. 우리의 역사 여행도 계속될 테고 말이야. 왜냐면 선생님은 아직 들려주고 싶은 역사 이야기가 **엄청나게** 많거든, 하하하.

WELCOME

역사반 문은 항상 열려 있으니 또 놀러와, 언제든 환영이야!

역사반 쉬는 시간

저는 모든 사람들이 좋아하는 음식을 배불리 먹을 수 있는 나라가 됐으면 좋겠어요!

우리가 바라는 나라

저는 모든 사람들이 편안하고 안전하게 살아갈 수 있는 그런 나라가 됐으면 좋겠어요!

너 좀 전에 점심 먹었잖아!

척

멋진 생각을 했구나!

선생님, 저는…!

벌떡

모든 학교에서 시험을 보지 않는 그런 나라가 됐으면 좋겠습니다!

그… 그래!

룰루랄라

더 생각해 보기

나는 우리나라에서 시험이 없어진다면 정말 좋겠어!
하지만 각자가 꿈꾸는 우리나라의 모습은 다르겠지.
너희들은 어떤 대한민국을 꿈꾸니?

왕수재의 정리王 왕!

1. 8.15 광복과 6.25 전쟁

- **1945년 8월 15일** 우리 민족은 일제의 지배에서 벗어나 **광복**을 맞았어.
- 광복 이후 우리나라에서는 **좌익과 우익으로 분열**되어 다툼이 이어졌어.
- 1950년 북한이 남한에 쳐들어오면서 **6.25 전쟁**이 시작됐어.

2. 독재 정치에 맞서다

- 이승만이 독재 정치를 하자, 시민들은 **4.19 혁명**으로 이승만을 끌어내렸어.
- 박정희를 비롯한 군인들은 **5.16 군사 정변**을 일으켜 권력을 차지했어.
- 박정희 정부 때는 **경제가 성장**했지만, **독재 정치**로 국민의 권리가 제한됐어.

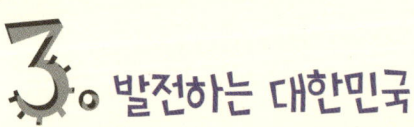

3. 발전하는 대한민국

- 1987년 수많은 시민이 거리로 뛰쳐나와 **민주화를 이루어 냈어.**
- 1990년대에는 국민 소득이 크게 높아졌지만, **경제 위기를 겪기도 했어.**
- 남북한의 정상은 함께 만나서 **평화 통일을 위해 노력**하기로 약속했어.

슈퍼 천재 왕수재가 1분 만에 정리해 줄게!

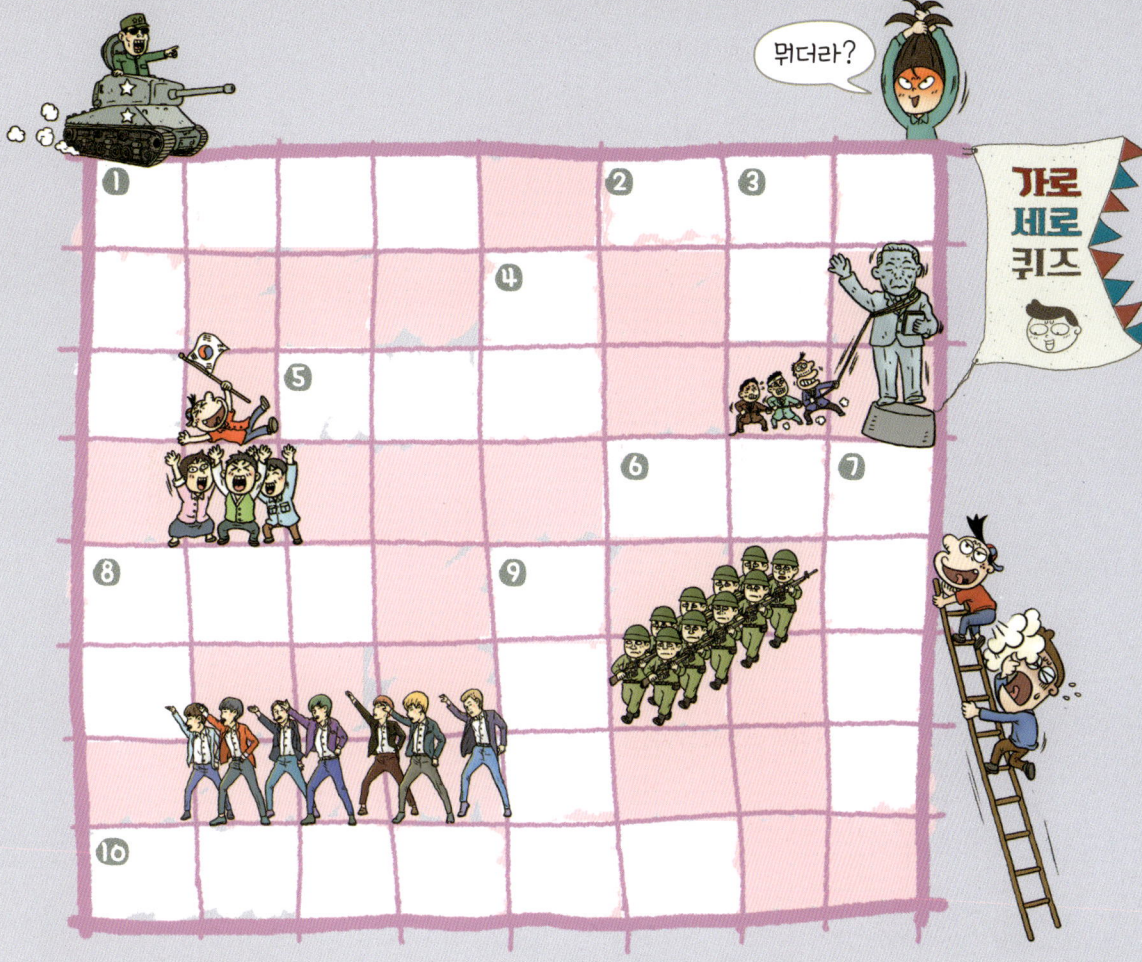

🚩 가로 열쇠

1. 전쟁 등으로 서로 만날 수 없게 된 가족을 말해.
2. 박정희는 본인이 평생 ○○○을 할 수 있도록 유신 헌법을 만들었어.
5. 1980년 광주에서 민주주의를 요구하는 시위가 일어났어. 이를 ○.○○ 민주화 운동이라고 해. 한글로 적어 줘.
6. 박정희 정부가 무너진 후 다시 정변을 일으켜 권력을 잡은 군인들을 부르는 말이야.
8. 우리나라가 일제로부터 해방된 후 이 사람을 중심으로 북한 정부가 세워졌어.
10. 남한과 북한의 최고 지도자들이 만나 국가의 중요한 일을 의논하는 것을 말해.

🚩 세로 열쇠

1. 우리나라 최초의 대통령이야.
3. 갈려 있는 남한과 북한이 하나로 되는 일을 말해.
4. 8.15 광복 후 남한과 북한 사이에 그어진 선으로 ○○선이라고 해. 한글로 적어 줘.
7. 이승만은 계속 대통령을 하기 위해 자신에게 투표한 사람의 수를 조작하는 등 ○○ ○○를 저질렀어.
8. 이 사람은 남북의 분단을 막고 통일 정부를 세우기 위해 38도선을 넘어 평양을 방문했어.
9. 밤에 평화적으로 촛불을 들고 진행하는 집회를 말해.

정답 및 풀이 1단원

🔍 더 생각해 보기

1-1 영조와 정조의 개혁 정치

붕당 사이의 다툼을 없애기 위해 영조는 어떤 노력을 했지?

생각이 비슷한 선비들이 무리를 지어 붕당을 만들었어. 붕당은 점차 자기 붕당이 살아남으려고 상대 붕당을 철저하게 정치에서 밀어내려고 했지. 영조는 붕당 사이의 다툼을 잠재우고자 각 붕당에 인재를 고루 등용하는 등 탕평책을 실시했어. 또 미래에 나랏일을 할 성균관 유생들이 잘 볼 수 있도록 탕평비를 성균관 앞에 세워 두었단다.

1-2 나라 살림이 크게 성장하다

조선 시대 백성들은 어떤 문화를 즐기며 살았을까?

조선 후기에는 농업과 상공업이 발달해 서민들의 생활에 여유가 생겼어. 그러자 서민들의 문화도 발달하게 됐지. 사람들이 왁자지껄하게 모이는 곳에는 탈놀이와 판소리가 벌어지고, 한글 소설도 유행했어. 또 서민들은 가정에 복을 불러들인다는 민화를 사 집 안을 장식하곤 했어.

1-3 잘못된 정치에 맞선 농민들

조선 후기 농민들도 화가 나 전국에서 봉기를 일으켰지. 무슨 이유 때문이었을까?

몇몇 집안이 나라의 권력을 쥐고 있던 세도 정치 때에는 관리들의 부정부패가 극심했어. 평안도 지역의 홍경래는 지역 차별과 탐관오리의 횡포에 분노해 봉기했고, 경상도에서는 농민들이 탐관오리의 수탈에 견디지 못해 들고 일어났어. 모두 세금 제도가 잘 지켜지지 않고, 탐관오리가 이를 이용해 자기 잇속을 채우다 벌어진 일이었어.

가로세로 퀴즈 정답

①탕	②평	책		③동		④탐
	안			⑤실	학	관
⑥세	도	⑦정	치			오
		약		⑧판	소	리
		용				
	⑨붕		⑩거		⑪민	⑫화
⑬서	당		중			성
얼		⑭모	내	기	법	

 정답

더 생각해 보기

2-1 나라의 문을 연 조선

강화도 조약도 불평등한 조약이었는데, 그 이유는 무엇일까?

흥선 대원군이 물러나고 조선은 총과 포를 쏘아 무섭게 위협하는 일본과 통상을 허락하는 조약을 맺었어. 바로 강화도 조약이야. 이 조약은 매우 불평등한 조약이었어. 왜냐하면 일본인에게 유리한 조항만 가득 있었거든. 조선에서 일본인이 잘못을 저질러도 조선이 처벌하지 못하게 하는 조항이 대표적이야.

2-2 고종, 대한 제국의 황제가 되다

갑오개혁 이후 조선 사회는 어떻게 바뀌었을까?

조선 정부는 낡은 제도를 바꿔 조선 사회를 새롭게 만들기 위해 다양한 노력을 했어. 먼저 신분 제도를 폐지해 사람들 사이에 신분의 구분을 없앴단다. 모든 사람이 평등하게 된 거야. 또 과거 제도도 없애 신분에 상관없이 능력 있는 사람을 관리로 뽑았지. 어린 나이에 결혼하는 것을 금지하고 과부가 재혼하는 것도 허락해 주었어.

2-3 일본으로부터 나라를 지켜라!

일본이 우리나라를 빼앗으려고 했을 때, 우리 조상들은 나라를 지키기 위해 어떤 노력을 했을지?

일본은 강제로 조선의 외교권을 빼앗았어. 이 소식이 알려지자 나라를 지키기 위한 노력들이 전국에서 일어났어. 의병이 되어 총·칼을 들고 일본군과 맞서 싸우는가 하면, 일부 지식인은 신문을 만들고 학교를 세워 새로운 지식과 정보를 알려 주었어. 백성이 똑똑해져야 나라를 되찾을 수 있다고 생각한 거야. 또 안중근은 만주 하얼빈에서 이토 히로부미를 저격해 나라의 원수를 처단하고 나라를 구하고자 했어.

가로 세로 퀴즈 정답

❶갑	오	❷개	혁		❸별
		화			기
			❹흥	선	❺대	원	군
	❻척				한
❼강	화	도			제
	비			❽애	국	계	몽
		❾전	차		
		등		❿을	사	늑	약

 정답

나라 이름
: 대한 제국

3단원

더 생각해 보기

3-1 3.1 운동이 일어나다

일본은 우리나라를 빼앗은 후 어떻게 다스렸지?

일본은 우리나라의 국권을 빼앗은 후 군대와 경찰을 동원해 사람들을 강압적인 방법으로 통치했어. 사람들을 감시하고 저항하는 사람들은 몽둥이로 때렸어. 학생들도 저항하지 못하도록 학교 선생님은 칼을 차고 수업할 정도였지. 신문과 잡지도 없애 서로 생각을 나누지 못하게 했어. 게다가 많은 땅을 빼앗아 사람들의 생활이 더욱 어려워졌지.

3-2 나라를 되찾기 위한 노력

1929년 광주에서 학생들이 들고일어난 이유도 비슷했는데, 그 이유가 무엇이었지?

광주 학생 항일 운동은 전남 나주역에서 벌어진 한국인 학생과 일본인 학생 간의 싸움에서 시작됐어. 기차 안에서 일본인 남학생이 한국인 여학생을 괴롭혔는데, 한국인 남학생이 이를 저지하면서 큰 싸움이 되었어. 사건을 조사한 경찰은 물론 언론까지 모두 일본 학생들 편만 들었어. 이를 계기로 한국 학생들은 민족 차별을 없애고 조선인을 위한 교육을 펼치라고 항일 운동을 벌인 거야. 시위는 금세 전국으로 퍼져 나갔지.

3-3 일본이 전쟁에서 패배하다

일제 강점기 독립운동가들은 민족 문화를 지키기 위해 어떤 노력을 했었지?

일본은 우리말과 글을 쓰지 못하게 하고 우리 역사를 제대로 가르치지 않았어. 하지만 우리의 말과 글, 역사를 지키려는 노력은 계속됐지. 국어학자들은 우리말 사전을 만드는 데 힘썼어. 또 역사학자들은 우리 민족의 역사를 열심히 연구했지. 이런 노력들 덕분에 우리 민족 문화가 완전히 사라지지 않고 지금까지 계속 이어져 올 수 있었던 거야.

가로 세로 퀴즈 정답

	❶방		❷독	립	❸신	문
❹임	시	정	부		간	
	환				회	
	❺친		❻노			
❼삼	일	운	동			
파	자			❽윤	❾봉	길
				오		
			❿만	세	운	동

 정답

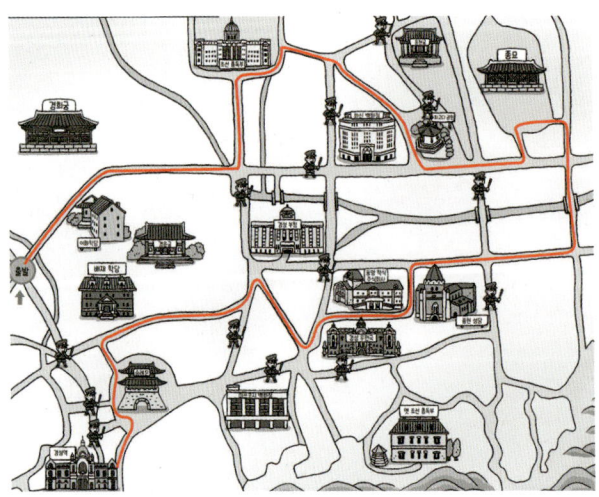

4단원

더 생각해 보기

4-1 8.15 광복과 6.25 전쟁

6.25 전쟁 때 우리나라 사람들은 어떤 아픔을 겪었을까?

6.25 전쟁으로 수많은 사람이 죽고 사람들에게 필요한 많은 시설이 파괴되었어. 논과 밭은 황폐화되고, 건물과 도로, 철도, 다리 등이 무너져 버렸지. 가족들은 뿔뿔이 흩어져 수많은 이산가족과 전쟁고아가 생겼어. 분단된 채 휴전되었기 때문에 가족들을 다시 찾기도 매우 어렵게 됐지. 뿐만 아니라 전쟁 때문에 남과 북이 서로를 미워하며 갈등이 계속되기도 했어. 전쟁은 결코 다신 일어나서는 안 될 일이야.

4-3 발전하는 대한민국

너희들은 어떤 대한민국을 꿈꾸니?

선생님은 너희와 같은 어린이들이 맘껏 뛰어 놀 수 있는 안전한 대한민국이 되었으면 좋겠어. 또 너희가 하고 싶은 것, 되고 싶은 것들을 무사히 이룰 수 있도록 이 사회와 어른들이 너희를 보호하고 사랑해 주는 나라를 꿈꾼단다. 너희들은 어떤 대한민국을 꿈꾸니? 자유롭게 내가 바라는 대한민국을 떠올려 보자.

4-2 독재 정치에 맞서다

너희는 4.19 혁명이 왜 일어났는지 알고 있니?

이승만은 자신이 계속해서 대통령이 되기 위해 수단과 방법을 가리지 않았어. 그러다 1960년 4번째 대통령 선거에서는 역대 최악의 부정 선거를 저질렀지. 독재를 일삼고 민주주의를 저버린 지도자에게 국민들은 분노를 폭발시켰어. 4.19 혁명이 일어난 거야. 대학생은 물론 교수와 일반 시민, 어린 학생들까지 시위에 참여했어. 시위는 곧 전국으로 퍼져 마침내 이승만이 대통령 자리에서 물러나게 되었지.

가로 세로 퀴즈 정답

①이	산	가	족		②대	③통	령
승					④삼		일
만		⑤오	일	팔			
					⑥신	군	⑦부
⑧김	일	성		⑨촛			정
구				불			선
				집			거
⑩남	북	정	상	회	담		

 정답

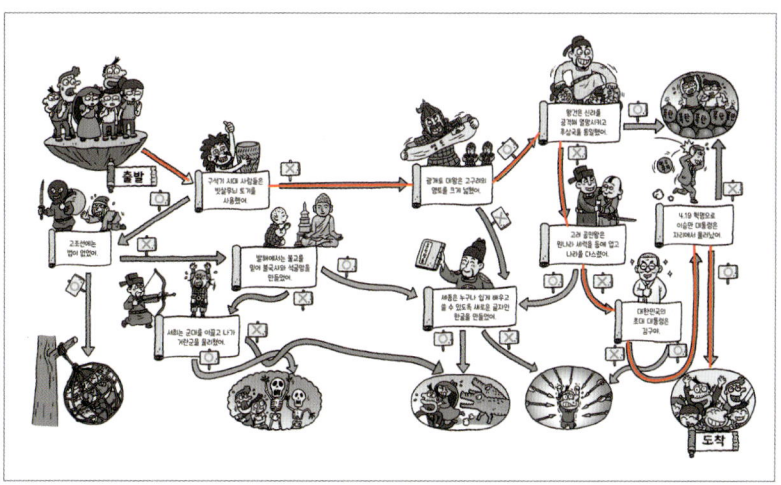

〈사진 제공〉
국립중앙박물관, 국사편찬위원회, 뉴스뱅크, 독립기념관, 북앤포토, 서울대학교규장각한국학연구원, 연합뉴스, 조선민화박물관, 토픽이미지스, Pixta

용선생 처음 한국사 2 : 조선 후기 ~ 현대

1판 1쇄 발행 2019년 1월 10일
1판 12쇄 발행 2025년 6월 23일

글 송용운, 정윤희, 정상민, 이홍석, 박동명, 정지은, 이현희
그림 뭉선생, 윤효식
캐릭터 이우일
어린이사업본부 이승필
편집 송용운, 김형겸, 김언진, 오영인, 윤선아, 남소영, 양지원
마케팅 윤영채, 정하연, 안은지, 박찬수
경영지원 나연희, 주광근, 오민정, 정민희, 김수아, 김승현
표지 디자인 톡톡
본문 디자인 톡톡, 김성엽, 최한나
사진 북앤포토

펴낸이 윤철호
펴낸곳 ㈜사회평론
전화 02-326-1182
팩스 02-326-1626
주소 03993 서울시 마포구 월드컵북로6길 56 사평빌딩
E-mail sapyounghistory@sapyoung.com
용선생 클래스 yongclass.com
출판등록 1993년 10월 6일 제10-876호

ⓒ 사회평론, 2019

ISBN 979-11-6273-028-7 77900

- 이 책 내용의 일부나 전부를 다시 사용하려면 저작권자와 사회평론의 동의를 받아야 합니다.
- 잘못 만들어진 책은 구입하신 곳에서 바꾸어 드립니다.

KC마크는 이 제품이 공통안전기준에 적합하였음을 의미합니다.
아이들이 책의 모서리에 다치지 않게 주의하세요.
종이에 손을 베지 않도록 주의하세요.

- 이 책에 쓴 사진은 해당 사진을 보유하고 있는 단체와 저작권자의 허락을 받아 게재한 것입니다. 저작권자를 찾지 못하여 게재 허락을 받지 못한 사진은 저작권자를 확인하는 대로 게재 허락을 받고, 출판사 통상 기준에 따라 사용료를 지불하겠습니다.

★ 마법 연표에 붙여 보세요!

주먹도끼

가야의 철갑옷

석굴암

공민왕의 개혁

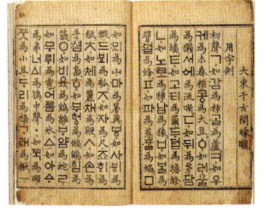
훈민정음 해례본

고종

대한민국 임시 정부

4.19 혁명

★ 가위로 잘라 자유롭게 붙여 보세요!

《용선생 처음 한국사》 2권

연표

20○○년 나는 ( )가 되어 있다

이미지로 보는 한국사 연표

1897년 고종이 대한 제국을 선포하다 · 2권 56쪽

1894년 갑오개혁이 실시되다 · 2권 53쪽

1876년 강화도 조약이 맺어지다 · 2권 44쪽

1862년 임술 농민 봉기가 일어나다 · 2권 32쪽

1811년 홍경래가 난을 일으키다 · 2권 29쪽

1945년 일제에게서 나라를 되찾다 · 2권 111쪽

1932년 윤봉길이 상하이에서 폭탄을 터뜨리다 · 2권 99쪽

1919년 9월 대한민국 임시 정부가 세워지다 · 2권 79쪽

1919년 3월 3.1 운동이 일어나다 · 2권 77쪽

1910년 일본에 나라를 빼앗기다 · 2권 66쪽

2000년 제1차 남북 정상 회담이 실시되다 · 2권 138쪽

1987년 6월 민주 항쟁이 일어나다 · 2권 134쪽

1960년 4.19 혁명이 일어나다 · 2권 122쪽

1950년 6.25 전쟁이 일어나다 · 2권 116쪽